LO QUE HAY QUE SABER DEL BUDISMO

EL MAESTRO BUDDHADASA EXPLICA
LAS ENSEÑANZAS DE BUDA

BUDDHADASA BHIKKHU
Gran celebridad internacional de la
UNESCO

Ediciones Amara. Ciutadella de Menorca

Publicado por vez primera en español en el 2008
por Ediciones Amara. Ciutadella de Menorca.

Título original: "The Truth of Nature. The Master Buddhadasa
explains the Buddha's teachings".

ISBN de la obra: 978-84–95094-31-5
Depósito legal: B. 37.039-2008
Romargraf, S.A.
L'Hospitalet de Llobregat.

MENSAJE DE LA UNESCO

"El venerable Buddhadasa Bhikkhu, pionero en la promoción del entendimiento interreligioso a través del diálogo entre la gente de diferentes credos, está reconocido a nivel mundial y entró en la lista de grandes personalidades internacionales de la UNESCO."

"Su énfasis en la interdependencia de todas las cosas hizo de él un precursor del pensamiento ecológico y un defensor de la paz entre las naciones."

Declaración de la UNESCO por el centenario del nacimiento del honorable Buddhadasa Bhikkhu.

SUMARIO

1. ¿Qué enseñó Buda? 23

2. ¿Qué contenidos particulares enseñó? 24

3. ¿Cuál es el mensaje básico del budismo?. 28

4. ¿Cómo poner en práctica el desapego, el no
    aferrarse? 30

5. ¿Dónde se pueden aprender o estudiar estas
    enseñanzas? 33

6. Para comprender mejor la esencia del dhamma,
    ¿con qué se podría comparar?. 35

7. ¿Qué debería estudiar un laico? 36

8. ¿Qué es el *amatadhamma*? 38

9. ¿Cuál es el dhamma más elevado, más profundo y
    que trasciende el mundo y la muerte en todas sus
    formas? 39

10. ¿Qué aspectos de las enseñanzas recogidas en los
    textos pali han sido más acentuados por Buda? . . 40

11. ¿A quién deberíamos creer, según las enseñanzas
    de Buda? 41

12. ¿En qué difieren las mentes de un laico y de una
    persona que sigue el noble camino
    establecido por Buda? 44

13. ¿Qué tipo de práctica constituye seguir el camino
    ordinario y qué tipo de práctica constituye seguir
    el camino más corto y rápido? 47

14. ¿Qué papel desempeña el *kamma* en el budismo? 50

15. ¿Tendría una persona que haber escuchado el
    budadhamma del mismo Buda para poder
    terminar con *dukkha*? 53

16. Si tenemos dudas sobre si una enseñanza es o no
    es de Buda, ¿cómo podemos decidir? 54

17. ¿Cómo dijo Buda que sería la gente de las siguientes generaciones? 56

18. ¿A quién rendía honores Buda? 58

19. ¿Dónde podemos encontrar a Buda? 59

20. ¿Existe Buda en este momento? 60

21. ¿Provocó Buda el cese de su *kamma*? 61

22. ¿Qué tipo de vida interior llevaba Buda? 62

23. ¿Por qué se dice que todas las cosas están vacías, que este mundo y todos los mundos son mundos vacíos? 63

24. ¿Por qué una mente en este estado de consciencia se describe como una mente vacía o libre (en tailandés, *cit waang*)? 64

25. ¿Cómo llamamos al estado de vacío total? 65

26. ¿Qué es *nibbana*? 66

27. Hablamos de alguien que encuentra satisfacción en el *nibbana*. ¿Cómo denominaríamos esa satisfacción? 67

28. ¿Se alcanza el *nibbana* después de la muerte, o aquí en esta vida? 68

29. ¿Los animales inferiores pueden alcanzar el *nibbana*? 70

30. ¿Cuál es el mayor bien para la humanidad? 72

31. ¿Hay en el mundo algún *arahants*, hoy en día? . . . 73

32. ¿Qué significa vivir correctamente? 74

33. ¿Es difícil o es fácil ser un *arahant*? 76

34. ¿Seríamos capaces de reconocer un *arahant* si nos encontráramos con uno? 77

35. ¿Dónde podemos encontrar un *arahant*? 78

36. ¿Pueden los laicos ser *arahants*? 79

37. ¿Es cierto que un asesino puede llegar a ser un *arahant*? 80

38. ¿De qué está lleno el mundo? 82

39. ¿Qué tipo de mérito tiene poco valor y cuál tiene
gran valor?   84

40. ¿Dónde se puede conseguir gran mérito?   85

41. ¿Dónde se puede encontrar la felicidad?
¿Dónde podemos ir para conseguirla?   86

42. ¿Hasta qué punto debemos mostrar interés por
esas cosas llamadas *iddhis*?   87

43. ¿Dónde se origina el gozo y *dukkha*?   91

44. ¿Cómo podemos acabar con *dukkha*?   93

45. Para conocer algo totalmente, en su verdadera
naturaleza, ¿hasta qué punto debemos conocerlo
bien?   96

46. ¿Qué significa alcanzar la corriente del *nibbana*? .   99

47. ¿Cuál es el significado de los Cuatro Estados
Lamentables? 103

48. ¿Cuáles fueron las últimas instrucciones de Buda? . 109

Conclusión 113

Referencias de las escrituras 115

Sobre Suan Mokkh 117

ACERCA DEL AUTOR

"Buddhadasa", el nombre que él mismo eligió, significa "esclavo o sirviente de Buda", y se sabe que a lo largo de su vida fue exactamente eso; muy pocos han hecho tanto por cumplir con el legado de Buda como el Maestro Buddhadasa.

Siguiendo la tradición, común entre los jóvenes tailandeses, Buddhadasa se hizo monje a los veinte años con la intención de dejarlo poco después para regresar a la sociedad. Sin embargo, las experiencias que tuvo como joven monje no sólo terminaron cambiando el curso de su vida, sino que además produjeron un gran impacto en el budismo tailandés, proyectándolo como un todo.

Al principio de su monacato, el talento excepcional de Buddhadasa se hizo rápidamente visible, y pronto se ganó una reputación por sus métodos innovadores sobre el estudio y enseñanza del Dhamma[1]. Parecía claro que la investigación y la exposición de la verdadera naturaleza de las cosas se convertiría en el trabajo de su vida.

Una vez, un monje anciano le preguntó, "¿Cual es tu opinión sobre la vida?", Buddhadasa rápidamente contestó, "debo vivir para dar el máximo beneficio posible a la humanidad". Y eso mismo hizo, vivir en concordancia con el nombre que él mismo había seleccionado adecuadamente.

Cuando se pide a un tailandés que describa a Buddhadasa, las características que mencionan invariablemente se pueden englobar en una o varias de las siguientes categorías:

Era único

A Buddhadasa hoy se le recuerda por su pensamiento verdaderamente único; destacó en la búsqueda de nuevas

---

[1] Doctrina del budismo

perspectivas del budismo y fue notorio por proponer formas creativas de interpretar e impartir el Dhamma, acentuando siempre su carácter científico, sencillo y aplicable a todo el mundo.

Todavía se le recuerda como uno de los budistas más innovadores y vanguardistas, radical y revolucionario de nuestro tiempo. Designado por los medios como "el monje intelectual más provocativo del país", es uno de los más influyentes pensadores tailandeses modernos.

Era un experto autodidacta

La educación oficial de Buddhadasa no pasó del noveno grado, ya que tuvo que hacerse cargo del negocio familiar; sin embargo, nunca decayó su entusiasmo por el estudio independiente. Durante la adolescencia, su pasatiempo favorito era formar grupos de debate para hablar sobre el Dhamma. Tenía seguidores en su vecindario debido a su habilidad para explicar el Dhamma de una forma clara e interesante, incluso antes de que fuera ordenado.

Después de su ordenación, Buddhadasa estudió lo necesario para su condición de monje y mucho más. Gracias al estudio de las escrituras budistas originales (el Canon Pali), pasando por los comentarios y tratados asociados sobre la meditación, las escrituras de otras escuelas y otras tradiciones religiosas, se convirtió en un experto no sólo en budismo tailandés, sino también en estudios religiosos en general. Siete universidades han reconocido los esfuerzos de Buddhadasa otorgándole el doctorado honoris causa.

Sin embargo, su sed de conocimientos sobrepasó el ámbito religioso. Por propia iniciativa, adquirió habilidades en inglés, poesía, arquitectura, ciencias, historia del arte, literatura, fotografía y radio. Integró todos estos conocimientos en sus enseñanzas y desarrolló métodos de vanguardia para hacer el Dhamma más accesible a todos. Mediante charlas, artículos, notas, poemas, diapositivas, dispositivos visuales, esculturas y pinturas, probó todas las vías posibles para aumentar la efectividad de la propagación del Dhamma, aunque siempre teniendo en cuenta que las mejores lecciones provienen de la propia práctica.

Era un auténtico practicante

Durante su carrera como monje, Buddhadasa tuvo muchas oportunidades de establecerse en la ciudad donde había muchas más comodidades materiales. Pero rechazó todas esas ofertas y eligió en su lugar seguir los pasos de Buda; retirarse al bosque para meditar y estudiar el Dhamma, de forma teórica y a la vez práctica, aislado durante seis años…

En consonancia con todo esto, en 1932 creó Suan Mokkhabalarama[2] (la arboleda del poder de la liberación), cerca de su pueblo al sur de Tailandia, en un emplazamiento natural donde la voz del Dhamma se puede oír más fácilmente.

Durante este período de seis años, su práctica siguió rigurosamente las escrituras, manteniendo un aislamiento virtual, y analizó las huellas de su propio progreso de forma sistemática, de tal manera que fuera capaz de asimilar el conocimiento del Dhamma y desarrollarlo y aplicarlo de forma efectiva.

Después, a pesar de haber alcanzado la fama como monje erudito de gran reputación, Buddhadasa nunca abandonó la práctica del Dhamma, lo cual para él era un objetivo tan importante como su divulgación. Sus enseñanzas sobre "el deber es el Dhamma" enfatizan el carácter empírico de esta filosofía, y muestran cómo cualquiera puede ponerlo en práctica, y muestran también el gran potencial que tiene a la hora de proporcionar beneficios a la gente.

---

[2] Una especie de escuela monasterio en el bosque del sur de Tailandia

Era un escritor prolífico

A lo largo de su vida, Buddhadasa hizo de la composición escrita un objetivo sin fin. Antes de dejar este mundo, su determinación consistía en producir tanto material de referencia para el estudio del Dhamma como pudiera.

Es el autor de innumerables obras, y continúa siendo el autor tailandés más traducido. Su producción literaria es tan prolífica que sus libros ocupan una sala entera de la Biblioteca Nacional de Tailandia, y además se está construyendo un edificio para albergar todos sus archivos.

Es innegable que Buddhadasa era un incansable trabajador, tal y como se desprende de las palabras de Santikaro Bhikkhu, un conocido discípulo americano: "El honorable Maestro era un pensador y escritor prolífico hasta el último día de su vida. Durante la ruta de las limosnas (ritual matutino en el que los monjes salían a pedir donaciones de comida) anotaba en su mano los pensamientos del Dhamma. Ensayaba la fraseología para muchos de los proverbios Dhamma que luego se harían célebres en cualquier pedazo de papel que encontraba a mano, y llenó cientos de cuadernos de notas con referencias al Pali, interrogantes para un estudio posterior, poemas, ideas, u otras cuestiones".

Buddhadasa murió en 1993 después de sufrir una serie de ataques al corazón y apoplejías. El infarto final le sobrevino mientras preparaba unas notas para una charla sobre el Dhamma que iba a dar dos días después en su cumpleaños. Uno de sus discípulos dijo después que incluso durante el infarto, estaba tranquilo y continuaba con sus notas. Un final como este sin duda demuestra una vez más, esta vez de forma mucho más literal, que Buddhadasa se mantuvo como un denodado "sirviente de Buda" hasta su último aliento de vida.

PRÓLOGO DEL EDITOR A LA EDICIÓN INTERNACIONAL

Esta edición internacional de *Buddha-Dhamma for students,* de Buddhadasa Bhikkhu fue traducida por Ariyananda Bhikkhu, y editada por Santikaro Bhikkhu. En enero de 1966, el honorable maestro Buddhadasa les hablaba a un grupo de estudiantes tailandeses en Bangkok con la intención de clarificar algunas enseñanzas esenciales de Buda, para que en el caso de que les preguntaran sobre el tema gente no budista, los estudiantes fueran capaces de proporcionar respuestas concisas (ver el prólogo del traductor para más detalles). La traducción original se ha editado aquí mismo ya que no sólo está dirigido a tailandeses, sino que va dirigido a lectores de todo el mundo. Como la mayoría de los lectores no estarán familiarizados con ciertos términos budistas, se han añadido notas al pie de página como explicación cuando hemos considerado apropiado.

El Maestro Buddhadasa quería que los estudiantes tailandeses comprendieran muy bien su propia religión, e instaba a todo el mundo a comprender exhaustivamente sus propias religiones. Cuando traspasamos las ceremonias y los rituales que rodean a una religión en particular, hasta llegar al más alto nivel de su verdad, comprenderemos que todas las religiones son lo mismo, que todas son una, y entonces el conflicto resulta incomprensible.

Por consiguiente, Buddhadasa sentía que la propagación era muy importante; divulgar el Dhamma, la verdadera naturaleza de las cosas tal y como fueron enseñadas por Buda, para que todo el mundo lo oiga, y ponerlo en práctica es vital si queremos solventar las crisis y conflictos a los que se enfrenta hoy en día la humanidad.

Este libro en particular fue elegido por la editorial Amarin de entre una serie de obras de Buddhadasa para editarlo para una distribución internacional. Es el más vendido de

todos los tiempos de la Fundación Dhammadana en Suan
Mokkh, Tailandia, y proporciona un fundamento sólido de
las enseñanzas de Buda desde la perspectiva de uno de los
maestros espirituales más sabios y rectos de nuestro tiempo.
Futuras publicaciones profundizarán en varios de los temas
que Buddhadasa señala aquí.

Como lector internacional de este libro, usted es parte
integral de esta propicia ocasión: ayudar a alcanzar las as-
piraciones de Buddhadasa y permitir que la sabiduría de
Buda pueda ser apreciada por todo el mundo y por todas
las religiones.

Editorial Amarin

PRÓLOGO DEL EDITOR
A LA EDICIÓN REVISADA

Buddha-Dhamma para estudiantes es el resultado de dos conferencias impartidas por Ajahn (término tailandés para designar al Maestro o profesor) Buddhadasa en enero de 1966 a los estudiantes de la universidad de Thammasat en Bangkok. Después, con el paso de los años, muchos jóvenes tailandeses han vuelto al budismo buscando respuestas y posibilidades que no les proporciona la educación moderna (el estilo occidental). Frente al acelerado cambio social, a veces rozando el caos, ellos buscan un acercamiento sin violencia a los problemas e injusticias de esta época. Este interés es digno de elogio, pero a la vez parece necesitar orientación. La aplicación de una versión incorrecta o difusa del budismo a esta sociedad confusa no le hará ningún bien. Por lo tanto, Ajahn Buddhadasa siempre ha intentado dirigir tanto a los jóvenes como a los viejos hacia las enseñanzas verdaderas del budismo. Para ello se remonta a los principios originales señalados por Buda, explicándolos de forma simple y directa, y mostrando que su relevancia es eterna. La verdad de estas enseñanzas era tan relevante y aplicable en la antigua India como lo es en el Siam contemporáneo, e incluso en el excesivamente desarrollado occidente.

Estas conferencias originalmente se titularon *"Lak Dhamma Samrab Nak Sueksa"* (Principios del Dhamma para estudiantes). Si echamos un vistazo a las palabras que aparecen en el título se nos aclararán los propósitos de este libro. Primero, debemos comprender lo que se nos quiere decir con la palabra *"sueksa"* (del sánscrito) y con la palabra *"sikkha"* (el equivalente en pali). Los tailandeses han usado la palabra *sueksa* para traducir los términos ingleses *"study"* y *"education"*, pero su uso moderno está empobrecido en comparación con el significado original. *Sueksa* significa algo más que un mero acopio de conocimientos o habilidades profesionales. Su significado completo consiste en aprender cosas que sean verdaderamente relevantes en la vida y luego ponerlas en práctica de forma minuciosa. Es un "estudio" que nos lleva a lo más profundo del corazón; lo mismo encontramos en *sikkha* cuando lo analizamos en "*sa*" (por, para y en uno mismo) y "*sikkha*" (ver, verse uno mismo por si mismo).

Nak significa "alguien que realiza una determinada actividad en la que además es un experto". Un *Nak-sueksa* es un estudiante, pero no por el hecho de pertenecer a una escuela, ni por vestir un uniforme o por llevar libros. Un verdadero estudiante debe englobar todos los significados de *sueksa*, todos sus aspectos y niveles hasta convertirse en un experto. No existe la institución, el programa educativo o el currículo en el que se encuentre el estudiante genuino. Ser estudiante es una obligación que todo ser humano debería tener hasta el último aliento de vida.

Lak significa "principio, estándar, escrito, baluarte, poste, estaca". Un *lak* es algo a lo que nos podemos agarrar sabiamente para conseguir la estabilidad y la seguridad. Los estudiantes sabios comienzan sus investigaciones con fundamentos y se aseguran de estar asentados en ellos antes de continuar adelante. De hecho, lo realmente esencial es a menudo suficiente. Un comienzo podría ser identificar los principios que nos unen al núcleo de nuestra materia. Una reflexión cuidadosa sobre ellos nos lleva al entendimiento. Pero sólo si los incorporamos a nuestras vidas a través de la práctica se pueden convertir en un baluarte digno de confianza.

La palabra "Dhamma" desafía a la traducción. Es el núcleo de todos los esfuerzos espirituales y de toda vida, incluso la más ordinaria. Puede significar "cosa", "enseñanzas", y "la verdad suprema y absoluta". Ahora, como comienzo práctico, podemos enfatizar cuatro significados vitales de la palabra Dhamma.

"Naturaleza": todas las cosas, incluyendo la humanidad y todo lo que hacemos, y los orígenes de todas esas cosas.

"Ley": la ley natural que subyace y gobierna todas esas cosas.

"Deber": la forma de vida que se requiere de todo ser humano, y de todos los demás seres, según la ley de la naturaleza, con cada aliento y en cada oportunidad.

"Fruto": el resultado del deber cumplido correctamente según la ley de la naturaleza.

Esto constituye la base donde los estudiosos de la verdad de la vida deben establecer sus principios. Y todo estudio debería llevarnos a esta realidad.

Samrab significa "para". Los principios del Dhamma no están flotando por ahí en una especie de mundo nebuloso metafísico o filosófico. Sino que tienen un claro propósito y un valor práctico. Sirven como inspiración y enriquecimiento de los estudiantes. Son para aquellos que sienten curiosidad sobre la vida, aquellos que quieren comprender lo que hacemos en este mundo, y adónde vamos después, y para aquellos que están enfermos de egoísmo y miseria. Sin embargo, no se deben tomar como dogmas de fe para creer ciegamente, para memorizar y recitar y así conseguir una satisfacción emocional dentro de una ilusión de seguridad. Estos principios son para el estudio, la investigación y la experimentación como medio para la comprensión de la verdad de cada uno, que es el significado de la vida humana.

Este libro engloba una variedad de temas que normalmente son poco conocidos o ignorados, aunque son parte de la esencia de lo que el budismo tiene que ofrecer. Mientras que las discusiones eruditas, muy comunes en el budismo moderno, relegan a los temas como el *dukkha* y el vacío hacia una ambigüedad oscura e intangible, Ajahn Buddhadasa se esfuerza en que los veamos dentro de nuestro propio aliento y nuestra vida. Allí donde los académicos, orientales u occidentales, ven teorías y filosofías, él ve herramientas para vivir la vida en la verdad y en la paz. Su visión y sus enseñanzas son claras y concisas. Espero que nuestro intento de traducirlas al inglés le haga justicia a él y a sus profesores (el maestro Buddha, el Dhamma, la vida y el *dukkha*).

Aquí hay preguntas que todos los eruditos del Dhamma nos han planteado alguna vez. Otros a su vez nos abordarán con esas cuestiones. Por lo tanto es conveniente tener a mano respuestas lúcidas y concisas para cuando las necesitemos, mejor aún si están respaldadas por citas del propio Buda. Lo mejor de todo es cuando el acercamiento es realista, dejando a un lado el misticismo y la mitología, algo con lo que a menudo nos gusta distraernos. Siguiendo la investigación práctica, fáctica y directa, tanto en este libro como en nuestras vidas, se elimina el desconocimiento, las malas interpretaciones y la desinformación que normalmente invade la religión. Enfrentando estas verdades a la vida diaria se nos revela su profundidad y nos libera del *dukkha* y de la ignorancia que causa.

Este pequeño libro se ha editado varias veces desde que lo tradujera por primera vez Ariyananda Bhikkhu (Roderick S. Bucknell). No obstante, yo he revisado esta edición y después lo hizo el mismo Rod. Hemos corregido algunos errores menores, hemos editado irregularidades y hemos intentado mejorar la legibilidad, pero no hemos hecho grandes cambios. Muchos de los que visitan Suan Mokkh nos han ayudado con sugerencias y correcciones durante los preparativos de esta edición. Lamentablemente, son demasiado numerosos como para mencionarlos a todos. Finalmente, Phra Dusadee Metamkuro, Chao Asaba y sus amigos del Grupo de Estudio y Práctica del Dhamma han supervisado el trabajo y la publicación. Su amabilidad y dedicación en la publicación de muchos libros valiosos sobre el Dhamma, y otros que están en camino, merece un reconocimiento, agradecimiento y apoyo.

Ojalá que los esfuerzos de los compañeros del Dhamma que han participado en este libro beneficien no sólo a su sabiduría y su equilibrio, sino también a la de los amigos de todo el mundo. Ojalá que este libro se lea cuidadosamente y de forma repetida para que las verdades profundas que se

encuentran en él puedan echar raíces en nuestros corazones.
Ojalá que todos nosotros estudiemos y vivamos en armonía
con estas verdades, y de esta forma aplaquemos toda huella
de desconocimiento y de *dukkha*.

Santikaro Bhikkhu
Suan Mokkhabalarama
Rains Retreat, 1988

Prólogo

Compañeros seguidores del Dhamma, La charla de hoy se titula, "Principios del Dhamma para Estudiantes". Me gustaría dejar claro que la charla de hoy tratará sólo de fundamentos y principios básicos, y está especialmente indicada para estudiantes, es decir, para gente inteligente. Discutiré estos principios generales del Dhamma (la Verdad Natural según la exponía Buda) usando el formato de pregunta y respuesta, primero estableciendo la pregunta, y después aportando la respuesta. Habiendo escuchado primero la pregunta, encontraréis la respuesta más fácil de comprender y recordar. Creo que este es el método más apropiado de presentación para vosotros estudiantes, que sois gente inteligente. Se dice que en la época de Buda, la gente inteligente nunca preguntaba nada que no fueran cuestiones básicas y principios fundamentales. Ellos nunca querían explicaciones extensas. Esto tiene muchas ventajas, una de ellas es que se ahorra tiempo.

Así que esto es lo que haremos hoy: estableceré una pregunta que será nuestro tema, después la contestaré en términos de principios básicos. De esta forma, obtendréis lo esencial de un gran número de asuntos, hecho que os servirá como una buena base general. Esta base de conocimientos dará buenos frutos en el futuro; esto os servirá de ayuda a la hora de estudiar o de comprender a otros conferenciantes.

Permitidme transmitiros un punto más antes de comenzar. Mi charla está diseñada para prepararos para esas ocasiones en las que os harán preguntas gentes de otros países y de otras religiones. Esto os capacitará para responder a esas preguntas, y responderlas correctamente, sin provocar confusiones acerca de las enseñanzas de Buda.

Tened bien presente estos puntos que constituyen la esencia o la semilla real de la materia. Si conseguís recordarlos todos, será una buena cosa, y tendrá, espero, un gran beneficio para vosotros. Ahora explicaremos cada uno de los temas.

1. ¿Qué enseñó Buda?

La mejor forma de responder a esto es citando al mismo Buda: "Sabed esto, oh Monjes: ahora, al igual que en otros tiempos, sólo enseño el *dukkha*[3], y la eliminación del *dukkha*."

Tomad buena nota de esta respuesta, coincida o no con lo que vosotros teníais ya en mente. Podemos responder a esto de muchas formas, pero esta cita de Buda resume sus enseñanzas de forma muy precisa. Buda sólo enseñó el *dukkha* y cómo apaciguarlo. Esto hace que sea irrelevante cualquier cuestión que no esté directamente relacionada con la eliminación del *dukkha*. No prestéis consideración a preguntas tales como, "¿Hay vida después de la muerte?", o "¿Cómo se produce la reencarnación?". Estos temas los podemos dejar para más adelante.

En resumen, Buda no enseñó nada que no fuera el *dukkha* y su eliminación.

---

[3] *Dukkha* es comúnmente traducida como "sufrimiento", aunque incluye mucho más. Cualquier sentimiento de dolor, enfermedad, frustración, inquietud, estrés, enfado, pena, o cualquier forma de descontento o insatisfacción, es el *dukkha*. Sin embargo los sentimientos positivos también se consideran *dukkha*, siempre que sean efímeros, estén sujetos a cambios y no resulten en algún tipo de satisfacción permanente. *Dukkha* en el sentido más amplio es el estado general de imperfección de aquel que tiene que estar en este mundo como individuo no iluminado.

2. ¿Qué contenidos particulares enseñó?

Como podéis ver, este es un tema muy amplio y se puede explicar desde puntos de vista diferentes. Esto se puede responder, primero diciendo que nos enseñó a seguir el "Camino Intermedio", es decir no ser demasiado estricto ni demasiado condescendiente, no irse a un extremo o al otro. Por una parte, hay que evitar la dura auto-mortificación que se practica en algunas escuelas de yoga, lo cual simplemente causa dificultades y problemas. Por otra parte, debemos alejarnos de esas prácticas que nos proporcionan placeres sensuales, es decir, placeres que se mencionan en dichos como, "¡Come, bebe y sé feliz, porque mañana moriremos!". Esta es una expresión extremadamente cínica, propia de gente que sólo está interesada en deleitarse los sentidos.

Por el contrario, el Camino Intermedio consiste por una parte en evitar la adversidad para uno mismo, y por otra, en no abandonarse totalmente a los placeres sensuales. Siguiendo el Camino Intermedio se producen las condiciones que contribuyen al estudio y a la práctica, y también al éxito en la lucha contra el *dukkha*. La expresión "Camino Intermedio" se puede aplicar a una gran variedad de situaciones. No puede llevarte por mal camino. El Camino Intermedio consiste en conseguir la divina proporción, el punto medio. A propósito de esto, podemos resumir lo que constituye el Camino Intermedio con las siguientes Siete Nobles Virtudes: conocer las causas, conocer los efectos, conocerse a uno mismo, saber cuándo es suficiente, saber en qué momento, conocer cada individuo y conocer grupos de personas.

Decir que Buda nos enseñó el Camino Intermedio es una respuesta correcta a esta pregunta, sin embargo también la podemos responder de forma correcta si decimos que nos enseñó la autoayuda. Todos conocemos lo que significa la autoayuda por lo tanto no creo que necesite explicación. Para ser breves, no debemos confiarnos a la suerte o al destino. No debemos confiarnos a los seres celestiales o a lo que se suele llamar "Dios". Tenemos que ayudarnos a nosotros mismos. Citando a Buda, "Busca el refugio en ti mismo". Incluso en las religiones teístas, se dice que Dios sólo ayuda a aquellos que se ayudan a sí mismos. En otras religiones, este asunto de la autoayuda puede estar más o menos establecido, pero en el budismo tiene la mayor importancia. Cuando uno es miserable e ingenuo, sufriendo dolor y angustia, entonces debe dirigirse al camino de la autoayuda. Buda dijo, "los budas[4] simplemente señalan el camino. Realizar el esfuerzo es algo que debe hacer cada individuo por sí mismo". En otras palabras, el budismo enseña autoayuda. Tengamos esto en cuenta.

Otra forma de responder a esto es decir que Buda enseñó que todo ocurre como consecuencia de causas y condiciones, y de acuerdo a las leyes naturales. Esta declaración es como la respuesta que recibió Sariputta[5] cuando, antes de entrar en el monacato cuestionó a un monje y este le respondió, "Buda nos enseña que cada cosa proviene de una causa. Debemos conocer la causa de esa cosa y el cese de esa causa". Este principio del Dhamma es científico por naturaleza, y así podemos decir que los principios del budismo concuerdan con los principios de la ciencia. Buda no usaba individuos o cosas subjetivas como criterio; es decir, el budismo es una religión basada en la razón.

Para responder de otra forma, como norma de práctica, Buda dijo, "Evita el mal, haz el bien, purifica la mente". Estas tres cosas juntas se denominan "*ovada-patimokkha*" o "sumario de todas las exhortaciones". Evitar el mal y hacer

---

[4] Según la tradición, hay un largo linaje de Budas, desde hace miles de años y continua después del Buda de nuestro tiempo. Todos son seres Iluminados que enseñan al mundo cómo eliminar el *dukkha*. Sin embargo, generalmente se entiende que cuando uno habla de "Buda", se está refiriendo al Buda Gotama, el Buda que existió en la India entre 563 y 483 a.C.

[5] Sariputta fue el primer discípulo principal de Buda. Era muy inteligente y muy eficiente en la enseñanza del Dhamma.

el bien no necesita explicación, pero purificar la mente no es tan obvio. Si uno se aferra a algo, incluso a la bondad, la mente desarrolla impurezas tales como miedo a no recibir nada bueno, miedo a ser privado del bien existente, ansiedad, pena, y apegarse a esto y a aquello como "mío". Todo esto produce *dukkha*. Incluso aunque hayamos tenido éxito en cuanto a evitar el mal y en hacer el bien, todavía debemos saber cómo liberar la mente. No te adhieras a nada que sea un "yo sólido", una entidad sólida, o que pertenezca al "yo"[6]. De lo contrario eso será miseria; será una pesada carga, y será *dukkha*. En otras palabras, el apego es como arrastrar algo todo el tiempo, es un gran peso y una carga de *dukkha*. Incluso una carga de piedras preciosas transportadas sobre los hombros o sobre la cabeza es tan pesada como una carga de piedras. Así que no lleves piedras o joyas. Ponlas a un lado. No permitas que se conviertan en un peso para tu cabeza. Esto es lo que quiere decir "purifica la mente". Así que purificar la mente es el tercer punto. El primer objetivo es evitar el mal, el segundo es hacer el bien, y el tercero es purificar la mente. Esto es lo que nos enseñó.

Aquí hay otra enseñanza importante, un valioso recordatorio. Dijo: "Todas las cosas y todos los seres de este mundo están continuamente fluyendo, desintegrándose para siempre, son perecederos. ¡Hagamos que todos se provean de atención plena![7]". Por favor escuchad cuidadosamente estas palabras: todo en este mundo es un fluir perpetuo, desintegrándose constantemente; es decir todo es perece-

---

[6] En inglés "self", refiriéndose aquí a algo a lo que nos aferramos o con lo que nos identificamos que tiene cualidades distinguibles y fijas. Tanto si se refiere a nuestro cuerpo, a nuestra personalidad o a cualquier cosa en concreto, este sentido de "self" es ilusorio y sirve de mera convención. **Nota del editor en español**: Este término se traducirá como "yo sólido" cuando se refiere a nuestro ser, y como "entidad sólida" al referirse a cualquier otro fenómeno.

[7] En inglés "heedfulness", bien explicado por el maestro Buddhadasa en la pregunta 48. En resumen, dice que "heedfulness" es estar vigilante y bien preparado, no ser insensato, o no encapricharse con cosas. Supone no aferrarse sin sentido a algo.

dero. Así que tenemos que proveernos de atención plena. ¡No juguéis con estas cosas, u os morderán! Os abofetearán la cara. Os atarán y os pegarán. Os harán sentar y llorar, o quizás incluso cometer suicidio.

Ahora unamos todas estas formas de responder a la pregunta: ¿Qué nos enseñó Buda?

1. Nos enseñó a tomar el Camino Intermedio.
2. Nos enseñó autoayuda.
3. Nos enseñó a familiarizarnos con la ley de la causalidad y a ajustar las causas de forma apropiada según los resultados a los que queramos llegar.
4. Y el subyacente principio de práctica, "evitar el mal, hacer el bien, purificar la mente".
5. También nos recordó que todas las cosas son perecederas y están en un fluir perpetuo, y que debemos estar bien equipados con atención plena y preparación.

3. ¿Cuál es el mensaje básico del budismo?

A esta pregunta se puede contestar con una frase corta del mismo Buda: "No deberíamos apegarnos o aferrarnos a nada en absoluto".

No necesitamos perder el tiempo buscando en el *Tipitaka*[8], porque esta corta afirmación deja el asunto bien claro. En todos los discursos, en todas las enseñanzas, hay unos ochenta y cuatro mil temas del Dhamma, y todos ellos se pueden resumir en esta sencilla frase: "No debemos aferrarnos a nada". Quiere decir que aferrarnos a las cosas o apegarnos a ellas constituye *dukkha*. Cuando lleguemos a comprender esto, podremos decir que entendemos todas las afirmaciones de Buda. Y haber puesto esto en práctica significa haber practicado completamente el Dhamma en todas sus fases y aspectos.

La razón por lo que la gente falla a la hora de guardar las reglas de conducta[9], es su apego a las cosas. Si se abstuvieran por completo de aferrarse a las cosas, y dejaran de lado los deseos y las aversiones, entonces podrían mantener las reglas de conducta. Lo mismo ocurre cuando una persona no tiene visión clara[10]. Pero cuando es capaz de practicar el desapego,

---

[8] El *Tipitaka* es la más antigua de las escrituras budistas, aproximadamente del año 300 a.C. Primero se escribió en una lengua denominada comúnmente "Pali". En inglés se conoce como "the Pali Canon" pero también se ha denominado de otras formas como "los textos Pali", "las escrituras", o simplemente "los textos".

[9] Hay cinco reglas de conducta para los laicos: no quitar la vida, no robar, no cometer adulterio, no mentir y no tomar sustancias intoxicantes.

[10] Visión clara o *insight* en inglés, que es equivalente a la palabra Pali "*vipassana*". Significa ver claramente la naturaleza de algo, ver sus verdaderas características, y que de esta manera no pueda embaucarte. Un ejemplo podría ser la transitoriedad de una emoción. Ver cómo un sentimiento se produce, se intensifica, cambia y finalmente disminuye, puede llevarnos a este *insight* o visión clara, lo que nos ayudaría a liberarnos de la ignorancia. La sabiduría se produce a través de visiones claras o *insights*.

simultáneamente alcanza el Noble Óctuplo Sendero[11], sus frutos[12], y finalmente el *nibbana*[13] (Nirvana).

Buda era un hombre que estaba totalmente libre de apego. El Dhamma nos enseña la práctica y el fruto de la práctica del desapego. La *sangha*[14] se compone de gente que practica el desapego, tanto los que han completado la práctica como los que están en el proceso.

Cuando la gente preguntó a Buda si sus enseñanzas podrían ser resumidas en una simple frase, él respondió que sí se podía, y dijo: "No deberíamos apegarnos o aferrarnos a nada en absoluto".

---

[11] Seguir el Noble Óctuplo Sendero, nos lleva al cese del *dukkha*. Incluye el entendimiento correcto, el pensamiento correcto, el discurso apropiado, la acción correcta, un correcto medio de vida, el esfuerzo correcto, la atención plena correcta y la correcta concentración (ver pregunta 13).

[12] Los frutos del Noble Óctuplo Sendero son logros espirituales que nos alejan de dukkha y garantizan el Nirvana en, como máximo, siete vidas.

[13] *Nibbana* se conoce más comúnmente como Nirvana, su equivalente en lenguaje sánscrito. Es el estado inmortal y bienaventurado que se consigue con la completa eliminación del *dukkha*. En el budismo, términos tales como Liberación o Iluminación señalan a este estado de *nibbana* (ver preguntas 25-30).

[14] Sangha es la comunidad de nobles discípulos. En la época de Buda, el mismo Buda es el que acepta y ordena a los monjes. El término sangha todavía se usa para denominar a la comunidad de monjes.

4. ¿Cómo poner en práctica el desapego, el no aferrarse?

Cuando explicamos la esencia del budismo, no tenemos que responder con nuestras propias ideas. Buda explicó la forma de ponerlo en práctica en términos absolutos y concisos. Cuando estés viendo un objeto, sólo míralo. Cuando estés oyendo un sonido, simplemente escúchalo. Cuando huelas un olor, sólo huélelo. Cuando saborees algo con la lengua, sólo saboréalo. Cuando experimentes una sensación táctil, sólo experimenta esa sensación. Y cuando algo mental, como un pensamiento malsano, aflora en tu mente, simplemente conócelo, ten conocimiento de ese objeto mental impuro.

Dejadme que vuelva sobre el asunto para aquellos de vosotros que nunca habían oído hablar de esto. Cuando estés viendo, ¡sólo mira! Si es posible sólo mira. Cuando estés escuchando, sólo escucha; cuando estés oliendo algo, sólo huélelo; en cuanto al gusto, sólo degusta; cuando detectes una sensación táctil, sólo experiméntalo; y cuando un objeto mental aflore en tu mente, sólo sé consciente de ello. Esto significa que estas funciones no se formaron con el surgimiento de la idea del "yo o de la entidad sólidos". Buda enseñó que si uno era capaz de practicar de esta forma, el "yo sólido" dejaría de existir; y la inexistencia de dicho "yo" supone el cese del *dukkha*.

En la instrucción, "cuando veas un objeto, sólo míralo", sobran las explicaciones. Cuando los objetos toman contacto con los ojos, obsérvalos e identifícalos; date cuenta de la acción que tienes que tomar con lo que has visto, pero no permitas que afloren sentimientos de agrado o desagrado. Si permites que aflore el sentimiento de agrado, entonces desearás esa cosa; si permites que aflore el sentimiento de desagrado, entonces querrás destruirlo. Así pues, por un lado están los que quieren y por otro los que odian. Esto es lo que se llama el "yo sólido". Seguir su camino nos lleva al *dukkha* y a ser engañados. Si miras un objeto, hazlo con inteligencia y atención. No permitas que tus engaños mentales[15] te obliguen a aferrarte a las cosas. Cultiva la suficiente inteligencia como para saber qué línea de acción es la correcta y la apropiada. Y si no se requiere ninguna acción, ignora el objeto. Si se requiere algún tipo de resultado, entonces adelante, pero con toda la conciencia y la inteligencia, sin dar lugar a la idea de un "yo o entidad sólidos". De esta forma alcanzarás los resultados que deseas y no se originará el *dukkha*. Esta es una explicación muy concisa del principio de la práctica, y se debe considerar como el más importante.

Buda enseñó: cuando estés viendo un objeto, sólo míralo. Cuando estés oyendo un sonido, simplemente escúchalo. Cuando huelas un olor, sólo huélelo. Cuando saborees, sólo saborea. Cuando experimentes una sensación táctil, sólo experimenta esa sensación. Cuando tengas percepción de un objeto mental, sólo siéntelo. Deja que las cosas se detengan justo ahí, y la visión clara interior funcionará automáticamente. Toma el rumbo que sea correcto y apropiado. No dejes que aflore el "agrado" o el "odio", ni el deseo de actuar de acuerdo a ese agrado o a ese odio, lo que supone el surgimiento del "yo sólido". Una mente así es turbulenta, no es libre; funciona sin ninguna visión clara interior. Esto es lo que Buda enseñó.

Entonces, ¿por qué no hemos mencionado la moralidad, concentración, visión clara, obtención de méritos[16], entrega

---

[15] Engaños mentales o emociones aflictivas, en inglés "defilements", objetos mentales que manchan y deslustran la mente, manchan su forma pura original; "mental defilements" o sólo "defilements". Las tres principales categorías de esos objetos que adulteran la mente son la avaricia (el deseo egoísta), el odio (pensamientos hostiles y sentimientos de aversión) y la ignorancia (creer en falsedades, no ver la verdad).

[16] En la tradición budista, realizar actos de generosidad está visto como un concepto muy elevado. Se dice que se acumulan méritos por las donaciones, lo cual nos defiende de las acciones negativas previas y nos lleva a resultados positivos tales como valiosas o divinas reencarnaciones en sucesivas vidas. En inglés "merit-making", traducción del término tailandés "tham boon".

de limosnas (donaciones de comida a los monjes) junto con lo que constituye las prácticas más fructíferas? Estas son condiciones muy provechosas pero no son el corazón del Dhamma, no constituyen la esencia de su enseñanza. Hacemos méritos, damos limosna, observamos la moralidad, desarrollamos la concentración, y conseguimos la visión interior para llegar a ser personas estables. Si cuando miramos, sólo vemos, y cuando escuchamos, sólo escuchamos, nos convertimos en personas estables. Entonces alcanzaremos el equilibrio y seremos inquebrantables. Aunque contacte con nosotros cualquier tipo de objeto a través de cualquier ruta sensorial, el "yo sólido" nunca surgirá. Por medio de los méritos y de las limosnas podemos librarnos de dicho "yo". Respetar la moralidad es el proceso mediante el cual podemos dominar el "yo", al igual que la práctica de la concentración. Adquirir la visión clara sirve para destruir la idea del "yo sólido". No estamos hablando de varias cosas diferentes; estamos hablando de un apremiante asunto cotidiano. Nuestros ojos ven esto y lo otro, nuestros oídos oyen esto y lo otro, nuestras narices huelen olores, y así por los seis canales sensoriales. Tenemos que permanecer en guardia, vigilando constantemente la entrada de los seis canales sensoriales. Esta sencilla práctica cubre todas las prácticas. Es la verdadera esencia de la práctica del Dhamma.

5. ¿Dónde se pueden aprender o estudiar estas enseñanzas?

Buda respondió: "En este cuerpo de una braza, junto con las percepciones y las actividades mentales". Aprende en el cuerpo humano, en su percepción y en su actividad mental. El cuerpo, estando vivo, está lleno de percepciones y actividades mentales, todo ello forma "la persona". La presencia de la consciencia implica la presencia de percepciones y la presencia de actividades mentales, implica conocimiento y pensamiento.

Buda hizo saber al mundo que el cuerpo, junto con las percepciones y las actividades mentales, constituyen el origen del mundo, la extinción del mundo, y la forma de practicar para conseguir la completa extinción del mundo. Cuando él hablaba del origen del mundo, su extinción, y la forma de práctica que lleva a su extinción, lo que quería decir es que la totalidad del Dhamma se encuentra dentro del cuerpo y de la mente[17]. Aprende aquí mismo. No aprendas en una escuela, en una cueva, en un bosque, en una montaña, o en un monasterio, esos lugares están en el exterior de nosotros mismos. Construye una escuela dentro de ti mismo; construye una universidad dentro del cuerpo. Después sumérgete en un profundo estudio para determinar la verdad sobre el origen del mundo, cómo se convierte en una fuente de *dukkha*, cómo puede haber una completa extinción del mundo (es decir, cómo se puede extinguir el *dukkha*), y qué hacer para conseguir la completa extinción. En definitiva, redescubre las Cuatro Nobles Verdades por

---

[17] Aquí Budadhasa está describiendo las Cuatro Nobles Verdades: *dukkha*, la causa de *dukkha*, el cese de *dukkha*, y el camino que lleva al cese de *dukkha*. A veces Buda usaba la palabra "*loka*", que significaba el mundo, en lugar de la palabra *dukkha*, para describir las Cuatro Nobles Verdades. Esto es porque si no estamos iluminados, el mundo es *dukkha*.

ti mismo. El Iluminado[18] a veces usaba la palabra "mundo" y a veces la palabra "*dukkha*". La naturaleza del mundo, de *dukkha*; la naturaleza de su aparición, su origen y su fuente; la naturaleza de su extinción completa, el cese del *dukkha* y del mundo turbulento; y la naturaleza de la práctica que nos conduce hacia el fin del *dukkha*: todo esto se puede buscar y encontrar en el cuerpo y en ningún lugar más. Si alguien afirma haberlo encontrado en algún otro sitio, puede que sólo sea un relato de algún libro, rumores, sólo palabras, y no la verdad en sí. Sin embargo, cuando se busca y se encuentra en el cuerpo y en la mente, entonces esa es la verdad.

Por consiguiente, si nos preguntan dónde se puede aprender, podemos decir, "en este cuerpo de una braza, junto con las percepciones y las actividades mentales".

---

[18] A Buda a veces se le denomina "el Iluminado", "el Maestro", "el Despierto", "el Realizado", y de otras muchas formas, dependiendo del contexto o del traductor. A veces se usa "*thatagata*", que significa "el que ha ido más allá". Buda usó esta palabra en lugar de "yo", al referirse a sí mismo.

6. Para comprender mejor la esencia del dhamma, ¿con qué se podría comparar?

Buda dijo, "el Dhamma se puede comparar con una balsa". Escogió comparar el Dhamma con una balsa porque en aquellos días, eran de uso cotidiano para cruzar los ríos, y como tal, la explicación se puede entender fácilmente. Esta analogía tiene un significado muy importante. Uno no debería apegarse tanto al Dhamma que se olvide de sí mismo, que se convierta en orgulloso, y que se sumerja en la identidad de Maestro, de erudito, o de individuo culto. Si uno olvida que el Dhamma es una balsa, surgirá el peligro. El Dhamma es una balsa, un vehículo que nos transportará al otro lado. Y una vez que estemos allí, no deberíamos ser tan imprudentes como para llevar la balsa con nosotros.

La intención de todo esto es enseñarnos a reconocer y usar el Dhamma sólo como un medio para un fin, sin apegarnos a él hasta el punto de olvidarnos de nosotros mismos. Si no reconocemos la verdadera función de esta balsa, podemos terminar guardándola para aparentar o como algo con lo que discutir. A veces se ve como una carrera que hay que ganar, lo cual es inútil e improductivo. Sólo debe usarse para lo que está pensado, para cruzar el río. El conocimiento del Dhamma se tiene que usar para cruzar al otro lado, para ir más allá del *dukkha*. No se debe conservar para malos propósitos, como por ejemplo su uso conjunto con esa arma afilada, la lengua, para discutir; ni como objeto de homenajes ceremoniales. Finalmente, ni siquiera el Dhamma debe ser objeto de apego. Después de alcanzar la orilla, debes estar dispuesto a dejar la balsa atrás; no debes llevarla contigo.

7. ¿Qué debería estudiar un laico?

Este dhamma, que Buda comparó con una balsa, se puede aplicar tanto a laicos[19] como a monjes y no deberíamos perder el tiempo pensando nuestra propia respuesta para esta pregunta. Si la gente quiere tener sus propias ideas, eso está muy bien y no se debe impedir, pero si queremos responder de acuerdo con lo que Buda enseñó, entonces debemos proporcionar la respuesta que dio él, y es la siguiente: "Los laicos deberían estudiar todos los *suttantas*, es decir, los discursos del *tathagata* sobre *suññata* (el vacío)".

Estos *suttantas* son exposiciones bien organizadas de las enseñanzas. Constituyen un buen sistema que forma la esencia medular de las enseñanzas o el corazón de las mismas. Por eso se llaman *suttanta*. "*Sutta*" significa discurso, y el sufijo "*anta*" significa fin. Entonces un *suttanta* es un discurso que está bien presentado, bien ordenado, y que proporciona el núcleo sólido de la cuestión. Es como la palabra *vedanta*. "*Veda*" significa conocimiento; *vedanta* es el conocimiento que constituye la esencia pura de la materia, bien elaborado y sistemáticamente organizado.

Recordad la palabra *suttanta*. Todos los *suttantas* son declaraciones del *tathagata*. Son las enseñanzas de Buda, y todos se refieren a *suññata* (el vacío). En relación con esto, los laicos preguntan cómo practicar el Dhamma para conseguir los beneficios más duraderos y la felicidad. Buda dijo, "los *suttantas* son declaraciones del *tathagata*, tienen una gran profundidad, tienen un profundo significado, constituyen un medio para trascender al mundo, y todos se refieren a *suññata*".

---

[19] El término "laico" en un contexto religioso se refiere a aquellos que no están ordenados como sacerdotes o como monjes.

La palabra *suññata* os puede parecer extraña, pero no perdáis la esperanza justo ahora, porque resulta que es la palabra más importante del budismo. Por favor escucha atentamente. La palabra *suññata* se puede traducir como "vacío", pero la palabra "vacío" tiene varios usos y significados. El *suññata* de Buda no quiere decir vacío físico. No es un espacio vacío carente de sustancia material. ¡No! Este es un caso de vacío en el sentido de naturaleza esencial, porque todas las cosas siguen estando presentes. Pueden existir tantos objetos como quepan en el mundo, pero Buda enseñó que todos están vacíos o tienen la característica del vacío, porque no hay nada en ninguno de ellos que sea un "yo o entidad sólida" o que pertenezca a un "yo sólido". El objetivo de esto, una vez más, es evitar aferrarse a estas cosas.

Los laicos deberían estudiar en particular aquellas enseñanzas de Buda que tienen que ver con *suññata*. Generalmente, se ha malinterpretado esta materia considerándola demasiado sublime para los laicos. La razón es simplemente que muy pocos desean practicar de acuerdo con estas enseñanzas de Buda. Así que hay que tener claro que incluso los laicos deben estudiar, practicar, y así descubrir el *suññata*. No es sólo para monjes.

Espero que los laicos no vuelvan a temer a la palabra *suññata* o a los argumentos relacionados con *suññata*. Toma medidas para incrementar tu conocimiento y su comprensión. *Suññata* es una materia de estudio que requiere una explicación complicada y delicada; y nos llevaría mucho tiempo. Por eso, sólo hemos tratado el verdadero núcleo del asunto, la verdadera esencia, y con eso es suficiente, esto es el vacío de la idea de ser un "yo sólido" o una entidad sólida" o de pertenecer a dicho "yo". Si la mente se da cuenta de que no hay nada que sea un "yo sólido" una "entidad sólida" o que pertenezca a dicho "yo", entonces la mente está "vacía" y libre. "Este mundo está vacío", significa eso mismo.

8. ¿Qué es el *amatadhamma*?

"*Amata*" significa inmortal; el *amatadhamma* es el Dhamma que nunca muere (usado aquí para referirnos a una cosa o estado). Es la palabra suprema del budismo. Y ¿qué es eso? Buda dijo una vez, "el *amatadhamma* es el cese de la codicia, del odio y del engaño" (ver nota 15). El *amatadhamma* es el estado inmortal, o el estado que hace inmortal. El estado mortal siempre está presente allí donde hay codicia, odio o ignorancia. Uno experimenta el *dukkha*. La gente suele tener la idea del "yo sólido", lo cual hace que estén sometidos al nacimiento, al envejecimiento, a la enfermedad y a la muerte. Cuando cesa la codicia, el odio y la ignorancia (siendo el cese de la ignorancia también el de la equivocación), entonces nunca más florecerá el falso concepto del "yo" o de la "entidad sólida". Por lo tanto no habrá un "yo" que tenga que morir. Así que si uno busca el estado inmortal, el *amatadhamma*, debe buscar el estado o condición que esté libre de codicia, odio e ignorancia. Esto es lo que Buda enseñó. El *amatadhamma*, tal y como lo hemos oído, es la última y la más elevada de las enseñanzas del budismo. Lo "inmortal" enseñado por otros maestros es un *amata* diferente. Pero en budismo, como hemos explicado, es el cese de la codicia, el odio y la ignorancia.

9. ¿Cuál es el dhamma más elevado, más profundo y que trasciende el mundo y la muerte en todas sus formas?

Buda lo llamó *suññatappatisamyutta* que significa "el Dhamma que enseña el concepto de *suññata*, o incluso *suññata* mismo. El Dhamma que trata el *suññata* es el Dhamma en su más alto y más profundo nivel. Es el que trasciende el mundo, el que trasciende la muerte, y no es otro que el *amatadhamma* (el estado inmortal). Ahora bien, las nuevas y últimas versiones del Dhamma, ¿cómo son?

Buda dijo: "Un discurso de cualquier tipo o categoría, aunque esté hecho por un poeta o por un erudito, aunque esté versificado, sea poético, espléndido y melodioso tanto en sonido como en ritmo, no estará en armonía con las enseñanzas si no está conectado con *suññata*". Recuerda estas importantes palabras: "no conectado con *suññata*." Por lo tanto, si un discurso no está relacionado con *suññata*, será una declaración de un discípulo posterior, una innovación, un nuevo Dhamma, no una afirmación del Realizado, y como tal será inferior. Si es una expresión de un discípulo y no habla sobre *suññata*, entonces está fuera de las enseñanzas de Buda.

Si queremos descubrir el Dhamma verdadero y original de las elevadas enseñanzas de Buda, no hay otra forma que a través de los relatos que se refieren a *suññata*.

10. ¿Qué aspectos de las enseñanzas recogidas en los textos palí han sido más acentuados por Buda?

La respuesta la encontramos una vez más en una cita de Buda: "Los cinco *khandhas* son transitorios, son carentes de ser una entidad sólida (*anatta*)." Estos cinco *khandhas* son las cinco partes en que se divide un individuo. El cuerpo, llamado *rupa*; la sensación, tanto de placer como de dolor, llamado *vedana*; la memoria y la percepción, llamadas *sañña*; el pensamiento activo, llamado *sankhara*; y la consciencia que puede percibir cualquier objeto por medio de los seis sentidos, llamada *viññana*. *Rupa, vedana, sañña, sankhara* y *viññana* son los cinco grupos, agregados o *khandhas*. Estos cinco grupos son transitorios y desprovistos de ser o tener una entidad sólida. Esta es la materia de la doctrina en la que Buda hizo más hincapié. Estos cinco agregados no son permanentes, están continuamente fluyendo, continuamente cambiando. Están desprovistos de un "yo sólido", y como están continuamente cambiando, nadie puede considerarlos "yo", o "míos".

Volveré a sintetizarlo de nuevo. Tened presente esta afirmación: Buda puso su mayor énfasis en la enseñanza de que todas las cosas son transitorias y en que nada se puede considerar "yo" o "mío".

11. ¿A quién deberíamos creer, según las enseñanzas de Buda?

Buda proporciona la respuesta a esta pregunta en el *Kalama Sutta*: "Tenemos que creer, en cualquier caso, lo que vemos claramente por nosotros mismos". Ahora lo que necesitamos entender es lo que significa la expresión "ver claramente". Significa ver claramente, sin necesidad de usar el razonamiento, la especulación o las suposiciones. Deberíamos ver, tan claramente como vemos en el caso de un objeto físico presente, que cogiendo eso y haciéndole aquello produce un efecto específico. Este es el significado de "ver claramente". No es necesario que dependamos del razonamiento o la suposición. En el budismo, nos enseñan a no creer en nadie o en nada sin haber visto claramente por nosotros mismos que la verdad en cuestión es esa.

¿Por qué nos aconsejan que no creamos en el *Tipitaka*, que no creamos en un Maestro, que no creamos en lo que se dice o se rumorea, que no creamos en lo que se ha razonado o en aquello a lo que llegamos por medio de la lógica? Estos principios son una ayuda para llegar a la correcta comprensión, para evitar la imprudente credulidad. Supón que abrimos el *Tipitaka*, leemos algún pasaje y creemos en él sin pensar, sin ponerlo en práctica o sin someterlo a algún tipo de examen crítico. Esto sería una creencia insensata en el *Tipitaka*, lo cual es rechazado por Buda. Creer lo que dicen nuestros profesores sin haber usado nuestros ojos o nuestros oídos, sin hacer una crítica, y sin haber visto por nosotros mismos que lo que se dice es realmente cierto, es igual que creer en cualquier rumor que se origine. "Creer en aquello a lo que se ha llegado por medio de la lógica", significa que, después de haber aprendido cómo se razona y de haber experimentado el razonamiento, concluimos que cualquier proposición debe ser por lógica así. Sin embargo, esto no es del todo suficiente; no debemos confiar totalmente en esta clase de razonamiento.

Llegados a este punto debemos puntualizar que este discurso no prohíbe leer el *Tipitaka*, ni prohíbe consultar a un Maestro, o escuchar informes o rumores, o usar un razonamiento lógico. Más bien significa que no deberíamos aceptar sin más lo que nos ofrecen estas vías a no ser que primero lo hayamos considerado detenidamente, lo hayamos reflexionado, comprendido, examinado en su totalidad, y hayamos visto por nosotros mismos que realmente es así.

Por ejemplo, Buda enseñó que la codicia, el odio y la ignorancia son la causa que provocan *dukkha*. Si nosotros mismos todavía no conocemos la codicia, el odio o la ignorancia, entonces no hay manera de que podamos creer en ello. No hay necesidad de creer en ello; creer esto sería un disparate. Sin embargo, cuando nosotros mismos conocemos cómo es la codicia, el odio o el engaño, y que cuando aparecen en la mente producen *dukkha* como si fueran fuegos que nos están quemando, entonces podremos creer la enseñanza basada en nuestra propia experiencia.

Así, lo que Buda nos enseñó sobre esto aparece en el *Tipitaka* de la siguiente forma: después de oír o leer algo, debemos investigar hasta que veamos claramente el hecho en sí. Si todavía no lo vemos claro, debemos regresar al razonamiento y dejarlo un tiempo. Así que para empezar, debemos creer y practicar sólo lo que hemos visto claramente por nuestra propia experiencia. Después gradualmente, empezaremos a creer y a ver cada vez con más claridad. Esta es una enseñanza muy popular de Buda. Si alguien te pregunta al respecto, explícalo de forma apropiada. Si lo explicas mal, puedes distorsionar las enseñanzas de Buda. Debemos buscar el verdadero significado de esta enseñanza, y permanecer alerta en este sentido. Creer a ciegas es un disparate. Buda condenó esto firmemente y de forma definitiva. Nos dijo que no creyéramos hasta que lo hubiéramos probado y lo hubiéramos visto de forma clara. Entonces podemos creer.

Creer a ciegas es un disparate, creer después de haberlo visto claramente es de sentido común. Este es el principio del budismo en cuanto a la creencia: no creer de forma estúpida, o confiar sólo en lo que dice la gente, los libros de texto, las conjeturas, el razonamiento o lo que cree la mayoría, sino que lo mejor es creer en lo que vemos claramente por nosotros mismos. Así es como es el budismo. Los budistas hacemos de esto nuestro modo de obrar.

43

12. ¿En qué difieren las mentes de un laico y de una persona que sigue el noble camino establecido por Buda?

Ahora debemos echar un vistazo a un punto que os proporcionará una idea sobre la diferencia de nivel entre la mente de un laico ordinario y la de un verdadero budista. "Laico ordinario" es uno que nunca ha sido un verdadero budista y que no sabe nada sobre el auténtico budismo. Un laico ordinario es un budista como mucho de nombre, sólo por los archivos y registros, por haber nacido de padres que eran budistas. Esto significa que aun es un laico ordinario. Ahora bien, para ser un auténtico budista, para ser un *ariya* (uno experimentado en la práctica, un noble) uno debe contar con el requisito de tener la correcta comprensión de todas las cosas que le rodean a un nivel mucho más alto que el laico ordinario.

Buda dijo, "hay una gran diferencia entre la visión de los *ariyas* y la visión de los laicos ordinarios". Según la visión de los *ariyas*, cantar canciones es lo mismo que llorar; bailar es el comportamiento de los lunáticos; reírse a carcajadas es propio de niños inmaduros. Los laicos ordinarios cantan, ríen y disfrutan sin darse cuenta de cuándo están cansados. En la disciplina de los *ariyas*, cantar está considerado de la misma forma que llorar. Si observamos a un hombre que canta y grita con todas sus fuerzas, no sólo parece que llore, sino que además, esto proviene de las mismas condiciones emocionales que el llorar. En cuanto a bailar, este es el comportamiento de los lunáticos. Si nos ponemos a observar sólo un poco, nos daremos cuenta, en el momento en que saltamos a bailar, de que al menos debemos tener un diez por ciento de locura o de lo contrario no podríamos hacerlo. Sin embargo, no lo vemos como un comportamiento de lunáticos porque está universalmente considerado como algo placentero. A la gente le gusta reír, la risa es algo deleitable. La gente ríe un montón, incluso cuando no es razonable o apropiado. Aún así, los *ariyas* y su disciplina consideran la risa como un comportamiento de niños inmaduros. Por consiguiente, si pudiéramos reír menos, sería una buena cosa, no reír nada sería aun mejor.

Esto nos ayuda a ilustrar la forma en que la disciplina de los *ariya* difiere de las tradiciones de los laicos ordinarios. De acuerdo con las tradiciones de la gente corriente, cantar, bailar y reír, no tienen consecuencias y se consideran cosas normales, mientras que en la disciplina *ariya* se ven como patéticas, y se evalúan de acuerdo a esto. Esta es la visión de aquellos cuya mente está sumamente desarrollada.

Buda no nos dice que no hagamos estas cosas cuando queramos hacerlas, sólo quiere que sepamos que hay comportamientos superiores e inferiores, y que no tenemos por qué hacer cosas innecesarias. En el camino para convertirnos en *ariyas*, seguro que queremos probar este tipo de comportamientos inferiores. Si los probamos, descubriremos que a veces son divertidos, pero que al final nos cansamos de ellos. Después estamos en condiciones de elevarnos al nivel y la disciplina de los *ariyas*.

Algunos no quieren ni oír hablar de la "disciplina". Les preocupa que el hecho de reprimirse pudiera llevarles al *dukkha*. Sin embargo, el intento de contenerse para no dejarse llevar por esos estados de ánimo es un principio importante en el budismo. Dominar el cuerpo y la mente para que no persigan esos comportamientos no lleva al *dukkha*. Más bien, lleva a la derrota de *dukkha*. Debemos encontrar los medios para evitar caer bajo la opresión de los sentimientos egoístas y de las emociones aflictivas. Debemos orientar nuestras mentes hacia la misión de no permitir que los engaños mentales nos arenguen o nos dominen. Pensemos en el baile, por ejemplo, y veamos cómo aquí los engaños mentales nos incitan y nos dirigen, y nos tienen bajo su control. ¿Es esto libertad?

Después nos damos cuenta de que deberíamos mejorar nuestro estatus de alguna forma. ¡No seas un laico ordinario para siempre! Solicita la admisión en la sociedad de Buda, es decir, ten sabiduría, inteligencia, conciencia y entendimiento, para que *dukkha* pueda disminuir. Evita hacer innecesariamente cosas que sean severas e infructuosas para ti mismo. De esta forma la recompensa que obtendrás consiste en elevarte del nivel de laico ordinario hasta el de verdadero budista, un *ariya* dentro de la disciplina del *ariya*. Buda tenía la esperanza de que muchos se convirtieran en *ariyas*, muchos que al final permanecerían en el nivel de gente ordinaria del mundo para siempre.

13. ¿Qué tipo de práctica constituye seguir el camino ordinario y qué tipo de práctica constituye seguir el camino más corto y más rápido?

Podríamos responder, "El Noble Óctuplo Sendero", del cual ya has oído hablar, es decir: entendimiento correcto, pensamiento correcto, discurso apropiado, acción correcta, correcto medio de vida, esfuerzo correcto, atención plena correcta y correcta concentración. A esto se le llama El Noble Óctuplo Sendero. Esto tiene una configuración más organizada que se puede agrupar bajo los aspectos de moralidad, concentración y sabiduría. Constituye un gran sistema de práctica, al que denominamos como andar el camino ordinario. Este camino es para la gente que no puede tomar el camino más rápido. No es un mal camino, es un camino correcto; sin embargo, está en el nivel ordinario y lleva mucho más tiempo.

Buda también enseñó un camino más corto. Él dijo que cuando no nos aferramos a los seis órganos sensoriales (*ayatanas*) y a sus estímulos asociados como entidades autónomas, entonces El Noble Óctuplo Sendero emergería simultáneamente por su propia voluntad en sus ocho formas. Este es el más importante y fundamental principio del Dhamma.

Primero, debemos recalcar que los seis órganos sensoriales (*ayatanas*) incluyen los ojos, los oídos, la nariz, la lengua, el cuerpo y la mente. Cada uno de estos órganos tiene cinco aspectos. En el caso de los ojos, el primer aspecto es el ojo en sí; el segundo es el objeto visual que contacta con los ojos; el tercero es la consciencia (*viññana*) que hace que reconozcamos ese objeto que contacta con los ojos; el cuarto es la acción de contacto (*phassa*) que ocurre entre la consciencia, los ojos y el objeto visual; y el quinto es la agradable o desagradable sensación mental (*vedana*) que surge como resultado del contacto. Hay cinco aspectos. Los ojos tienen estos cinco, el oído tiene otros cinco, la nariz otros cinco, y así todos. Cada uno de estos juega un papel cuyo resultado es convertirnos en necios y en hacer que nos aferremos a algo como "yo sólido" o lo "mío". De este modo, nos aferramos a la consciencia que llega a saber y ver a través de los ojos. Como somos conscientes de ello, llegamos a la conclusión de que debe de ser una "entidad sólida". De este modo nos aferramos al contacto visual (cuarto aspecto) como una "entidad sólida", un "yo sólido" o nos aferramos a la sensación que produce el contacto visual (quinto aspecto), ya sea placentero o no, como una "entidad sólida". A veces ocurre que nos llega a los oídos un sonido melodioso, y nos aferramos a la consciencia de la melodía como si fuera una "entidad sólida", un "yo sólido". A veces nos llega a la lengua un sabor agradable, y podemos aferrarnos a esa consciencia del gusto como si fuera una "entidad sólida".

Cada uno de los órganos sensoriales tiene cinco aspectos, en total hacen treinta aspectos. A cada uno de estos nos podemos aferrar como si se tratase de un "yo", de una "entidad sólida", nos podemos agarrar a ellos con la mayor facilidad muchas veces en un mismo día. Tan pronto como nos aferremos a algo, aparece *dukkha*. Hemos errado, y nos hemos quedado atrapados entre un montón de *dukkha*. Esto no es seguir el camino. Buda nos enseñó que no debemos aferrarnos a ninguno de los seis órganos sensoriales ni a lo que está asociado a estos. Mediante una constante vigilancia podremos ver que ninguno de ellos es un "yo", una "entidad sólida" y el Noble Óctuplo Sendero aparecerá en nosotros en ese mismo momento. En ese momento conseguiremos el entendimiento correcto, el pensamiento correcto, el discurso apropiado, la acción correcta, el correcto medio de vida, el esfuerzo correcto, la atención plena correcta y la correcta concentración. Practicar el desapego a los seis órganos sensoriales es hacer que emerja inmediatamente el Noble Óctuplo Sendero. Buda consideraba esto como un atajo.

En uno de sus discursos, Buda enseñó el atajo más rápido, el vacío. No aceptar que haya yoidad con respecto a los ojos, los oídos, la nariz, la lengua, el cuerpo o la mente, hace que emerja por completo y en ese mismo momento el Noble Óctuplo Sendero. Si decidimos no tomar ese atajo, entonces podemos estudiar el Noble Óctuplo Sendero de la moralidad, la concentración y la sabiduría (entendimiento). Practicar esto desde el principio, para ir escalando lenta y gradualmente hacia grados más altos supone perder mucho tiempo. Así que por consiguiente, tenemos en el budismo un camino ordinario, y también tenemos un atajo.

14. ¿Qué papel desempeña el *kamma* en el budismo?

Muchos occidentales han escrito libros sobre el budismo, y de lo que más orgullosos están es de los capítulos que tratan del *kamma* y de la reencarnación, pero sus explicaciones son casi siempre erróneas. Estos occidentales empiezan explicando que el buen *kamma* es el bien y que el mal *kamma* es el mal. "Haz el bien y recibirás el bien, haz el mal y recibirás el mal", y nada más, es la misma doctrina que se puede encontrar en todas las religiones. Esto no es *kamma* tal y como se enseña en el budismo.

Con la reencarnación pasa lo mismo, hacen afirmaciones como si ellos hubieran visto la muerte y el posterior nacimiento del mismo individuo con sus propios ojos. Esto da una falsa imagen del principal mensaje de Buda, el cual enseña la no existencia del "individuo", la no existencia del "yo". Incluso aunque "yo" esté sentado ahora aquí, no hay un individuo. Cuando no hay individuo, ¿qué es lo que muere? ¿Qué es lo que renace? Buda enseñó la no existencia del "individuo" o de la "persona". Por consiguiente, el nacimiento y la muerte son asuntos relativos. Los escritores de libros titulados "Budismo" normalmente explican el *kamma* y la reencarnación de una forma bastante errónea.

Presta mucha atención a este asunto del *kamma*. Para ser fiel a la explicación budista, se debe hablar del cese del *kamma*, no del *kamma* en sí o sus efectos como encontramos en todas las religiones. Para poder considerarlo parte de las enseñanzas de Buda, debemos abordar el cese del *kamma*.

Un *sabbakammakkhayam-patto* es alguien que ha logrado el cese de todo *kamma*. Buda enseñó que el *kamma* cesa con el cese de la avaricia, el odio y la ignorancia (*raga, dosa* y *moha*). Esto es fácil de recordar. El *kamma* cesa cuando la avaricia, el odio y la ignorancia cesan, es decir, cuando cesan las impurezas mentales. Si la avaricia, el odio y la ignorancia no cesan, entonces el *kamma* no cesa. Cuando la avaricia, el odio y la ignorancia cesan, el viejo *kamma* cesa, no se origina el *kamma* actual y no se produce nuevo *kamma*, por lo tanto cesan el *kamma* pasado, el presente y el futuro. Cuando una persona termina con la avaricia, el odio y la ignorancia, el *kamma* cesa. Así es como se debe explicar. Sólo este acercamiento al *kamma* se puede considerar verdaderamente budista.

Además existe una tercera clase de *kamma*. La mayoría de la gente conoce sólo dos clases, el buen *kamma* y el malo. Aún no conocen cual es el tercer tipo de *kamma*. Buda denominó al primer tipo de *kamma* "negro" o "mal *kamma*", y al segundo tipo le denominó "blanco" o "buen *kamma*". El tercer *kamma* llamado "ni-blanco-ni-negro" es el que pone fin a ambos, al blanco y al negro. Este tipo de *kamma* es una herramienta para detener por completo al *kamma* blanco y al negro. Buda utilizó estos términos, "*kamma* negro", "*kamma* blanco" y "*kamma* ni-blanco-ni-negro". Este tercer tipo de *kamma* es el *kamma* en el sentido budista, el *kamma* según los principios del budismo. Como ya hemos dicho, terminar con la avaricia, el odio y la ignorancia, es lo mismo que terminar con el *kamma*. Por lo tanto, el tercer tipo de *kamma* es el cese de la avaricia, del odio y de la ignorancia; en otras palabras, es el Noble Óctuplo Sendero. Siempre que nuestro comportamiento y nuestra práctica estén en consonancia con el Noble Óctuplo Sendero, estaremos en el tercer tipo de *kamma*. Este no es ni blanco ni negro; mejor dicho acaba con el *kamma* blanco y con el negro. Además trasciende al mundo (*lokuttara*), por encima del bien y del mal.

Los occidentales no hablan sobre este tercer tipo de *kamma* en sus capítulos sobre "*kamma* y reencarnación", pero debería hacerlo porque este es el *kamma* capaz de terminar con la avaricia, el odio y la ignorancia, y de esta forma el lote completo del viejo *kamma* desaparecería también (el blanco y el negro).

Hay algo más que decir sobre este tercer tipo de *kamma*. En este sentido Buda dijo, "llegué a un claro entendimiento de esto a través de mi propia sabiduría sublime". El Iluminado no tomó esta enseñanza sobre el diferente tercer tipo de *kamma* de ninguna creencia o religión existente. Es algo a lo que llegó a través de su propia visión interior y después se lo enseñó a todos. Así que debemos tener presente que la enseñanza del tercer tipo de *kamma* es la verdadera enseñanza budista sobre el *kamma*. Cualquier manual sobre el *kamma* en el budismo, cualquier libro titulado "*kamma* y reencarnación", tiene que estar escrito de acuerdo con estas líneas. Estudia concienzudamente y presta mucha atención a la verdadera explicación budista del *kamma*. El relato sobre el buen *kamma* y el mal *kamma* se encuentra en todas las religiones. También en el budismo. Y consiste en que hacer el bien es bueno y hacer el mal es malo. Todas las religiones enseñan lo mismo. Sin embargo, Buda dijo que simplemente produciendo buen *kamma* y obsesionándonos y aferrándonos a él, no extinguiremos el *dukkha* mental. En otras palabras, el buen *kamma* todavía sigue haciendo que des vueltas en el ciclo del nacimiento y la muerte, aunque en buenas condiciones de existencia; pero no es la extinción total, la imperturbabilidad, el *nibbana*.

Por lo tanto, hay un *kamma* que sólo lo ha enseñado Buda, un tercer tipo que elimina todo *kamma* y que acaba con la avaricia, el odio y la ignorancia. Sólo a través de este tercer tipo de *kamma* se puede conseguir el *nibbana*.

15. ¿Tendría una persona que haber escuchado el budadhamma del mismo Buda para poder terminar con *dukkha*?

Algunos han argumentado vehementemente que deberíamos haber escuchado el Dhamma del mismo Buda y que sólo así podríamos comprenderlo. Pero el mismo Buda dijo que habría algunos que serían capaces de seguir el sendero correcto aunque no hubieran escuchado el Dhamma directamente de él. Ha habido algunos que sin haberlo escuchado de Buda, a través de la reflexión, la consideración y el estudio, a través de la observación y la práctica constantes, han sido capaces de seguir el camino correcto.

Así pues, debemos elevar nuestras manos en su honor y sumergirnos en la honestidad de Buda en cuanto que nunca monopolizó el Dhamma y nunca se mostró como indispensable.

16. Si tenemos dudas sobre si una enseñanza es o no es de Buda, ¿cómo podemos decidir?

Buda estableció un principio para realizar esta prueba: examínala y mídela frente a los *suttas* (los discursos de Buda), compárala con el *vinaya* (la disciplina budista). Este principio se basa en no creer nada que venga de segunda mano y no tomar a nadie más como una autoridad. Si surge la duda respecto a cierta afirmación de una persona que dice que lo ha oído del mismo Buda o de un grupo erudito de ancianos, de la que nos dice que nos conduce hacia la cesación de *dukkha*, Buda dijo que se debe probar de dos formas:

1. Examínala y mídela frente a los *suttas*. Los *suttas* están formados por los diferentes discursos que constituyen una línea definida y particular. Si una afirmación no sigue esta línea, se debe descartar.
2. Compáralo con el *vinaya*. El *vinaya* es un modelo ejemplar, un estándar, un sistema firme. Si la afirmación en cuestión no se ajusta al *vinaya*, se debe descartar.

No confíes en ningún monje, o sección de la sangha, ni en grupos de ancianos o grupos de eruditos y avanzados que proclamen que han oído esto y lo otro de Buda. Buda siempre dijo que antes de todo debemos suscitar la duda e investigar. Así que mídelo frente a los *suttas*: ¿concuerdan? Compáralo con el *vinaya*: ¿se ajusta a él?

Este es un modo de asegurar, siempre que este principio permanezca vigente, que aunque el budismo dure dos mil, tres mil, cinco mil o incluso decenas de miles de años la religión del *Dhamma-vinaya* no se va a distorsionar ni a desorientar. Así pues, este es un principio extremadamente valioso. Se le denomina el Gran Estándar. Es una enseñanza de Buda para analizar el uso de las enseñanzas frente a los *suttas* y al *vinaya*.

17. ¿Cómo dijo Buda que sería la gente de las siguientes generaciones?

Uno de los discursos de Buda reprende de esta manera, "la gente que ahora se regocija en placeres perversos, es mucho más propensa a la codicia, y se inclinan hacia doctrinas falsas". Encuentran un gran deleite en la emoción placentera de tipo perverso, es decir, son demasiado egocéntricos. Carecen por completo de conciencia, y por lo tanto su codicia se ha hecho intensa y excesiva. Caen en falsas doctrinas porque han sucumbido por completo bajo el poder de las impurezas mentales.

Buda hizo esta afirmación hace más de 2500 años, aun así la relevancia de sus palabras se extiende desde entonces hasta el día de hoy. Ahora tenemos el deber de mirarnos a nosotros mismos en esta época. ¿No se está tomando, la gente de hoy en día, excesivas satisfacciones con placeres perniciosos, comportándose de una forma demasiado egoísta e inclinándose hacia falsas doctrinas o teorías? Obviamente la gente de hoy es muy diferente de la gente de la época de Buda. Si la gente tiene que vivir correctamente de acuerdo con los patrones establecidos por Buda, entonces, aunque puedan disfrutar de los colores, formas, sonidos, aromas y sabores, lo harán con una prudencia constante y con el conocimiento adecuado. Estos no dejarán que la codicia se convierta en excesiva. Esto significa que no querrán experimentar más de lo necesario estos colores, formas, sonidos, aromas, sabores y estímulos táctiles, no querrán excederse. La misma palabra "exceso", es decir, más de lo necesario, supone la causa de todo lo molesto, de las dificultades y de los problemas del mundo de hoy en día.

He leído que en el cristianismo una persona que busca más allá de lo que necesita se comporta de forma pecaminosa, es un "pecador". Uno que simplemente busca algo más de lo que es necesario es considerado un pecador por las normas cristianas. Quizás aún no nos consideramos pecadores, porque no nos importa o porque realmente consideramos que no estamos siendo excesivos. Quizás creemos que no estamos siendo excesivos en nada. Este asunto sólo se puede debatir con los que sean honestos con ellos mismos.

Un libro muy bueno de parábolas tibetanas contiene una historia en la que todos los diferentes tipos de pájaros del mundo se juntan para debatir la forma en que se debe practicar el Dhamma para conseguir la felicidad. Cada variedad de pájaros expresa su opinión, y al final todos los pájaros se unen para acordar que "no buscaremos más comida de la que es necesaria. Esto es lo más importante." Finalmente solicitan a todos los reunidos que no busquen más comida de la que es necesaria. Aquí finaliza la historia.

Se debe considerar que buscar más de lo que se necesita es una fuente de *dukkha* y de tormento para uno mismo y también una fuente de problemas para el resto de la gente del mundo. ¡Piénsalo bien! Inclinarse por visiones falsas como estas, significa reconocer una cosa como errónea, y aun así desear esa cosa errónea sin sentir miedo o vergüenza, y todo porque las impurezas y las emociones aflictivas predominan e inundan la mente. Una persona asentada en esta forma de pensar no encaja en el Dhamma. Esta persona se opone por naturaleza al Dhamma. Así que si queremos estar libres de *dukkha*, debemos volcarnos en el Dhamma.

18. ¿A quién rendía honores Buda?

La respuesta del propio Buda fue que él rendía honores al Dhamma y también a la comunidad sangha que posee cualidades ejemplares. Una comunidad sangha que se dirige a sí misma bien, y practica de forma apropiada, se puede decir que posee cualidades ejemplares. Así que Buda respetaba el Dhamma y la comunidad sangha que posee cualidades ejemplares. Debemos considerar el hecho de que incluso Buda rendía homenaje al Dhamma, al igual que rendiría homenaje los miembros de cualquier comunidad de monjes que dirijan bien sus vidas y se comporten de forma apropiada como grupo.

Esto se puede aplicar al comportamiento de hoy en día, en Tailandia o en cualquier parte del mundo. Esto significa que debemos respetar el Dhamma. Si incluso Buda, que es la persona más sublime, muestra respeto a las normas de aprendizaje y a las comunidades que las practican bien, más razón para que lo hagamos nosotros.

19. ¿Dónde podemos encontrar a Buda?

Buda dijo: "Cualquier persona que vea el Dhamma, verá también el *tathagata*. Cualquier persona que no vea el Dhamma tampoco verá el *tathagata*. Uno que no ve el Dhamma, aunque se agarre al manto del *tathagata* y se sujete fuertemente, se puede decir de él que no ve el *tathagata* (*tathagata* es el término que usaba Buda para referirse a sí mismo)".

Esta cita quiere decir que a Buda no le encontraremos en un cuerpo físico. Sino que más bien lo encontraremos en esa cualidad sublime del corazón de Buda llamada Dhamma, esa es la parte que debemos ver antes de poder decir que hemos encontrado a Buda.

Cuando nos postramos ante la imagen de Buda, meditamos sobre la imagen, mirando más allá de ella hacia el cuerpo físico de Buda, lo que representa la imagen. Después miramos más allá del cuerpo físico de Buda hacia su mente, y más allá de su mente hasta penetrar en las cualidades sublimes que habitan en su mente. Consideramos esas cualidades el puro, radiante y pacífico Dhamma, desprovisto de todo tipo de apego y totalmente libre. Entonces podemos decir que hemos encontrado a Buda.

20. ¿Existe Buda en este momento?

Buda proporcionó una respuesta a esta pregunta cuando dijo: "Oh Ananda[20], deja que el Dhamma y la disciplina que ha enseñado y demostrado el *tathagata* sean tus Maestros cuando yo haya muerto". Incluso ahora estudiamos, practicamos y obtenemos beneficios del Dhamma y su disciplina. Por lo tanto el Maestro todavía existe. Esta estrofa es bien conocida por que la dijo Buda cuando estaba a punto de morir. Ten en cuenta que lo que nos dice es que el Maestro todavía existe.

---

[20] Ananda fue un miembro del sangha y el asistente de Buda durante mucho tiempo. Estuvo presente en más discursos de Buda que nadie, y ayudó a reunir sus enseñanzas después de su muerte.

21. ¿Provocó Buda el cese de su *kamma*?

Al responder a esta pregunta debemos asegurarnos de no degradar a Buda respondiendo de forma descuidada o impulsiva. Aun así nunca podríamos desnaturalizar a Buda, pero nuestras palabras podrían restar importancia a su trabajo.

Buda provocó el cese total de su *kamma* porque destruyó todas las impurezas mentales, que es lo que quiere decir "fin del *kamma*". Él trascendió a todo tipo de *kamma*, y este hecho fue el que le hizo famoso, el que le aportó su gloria. El profeta Gotama[21] se convirtió en un *sabbakammakkhayam-patto*, es decir, uno que ha conseguido el cese de todo su *kamma*. Las noticias de este hecho se extendieron por toda la India hasta llegar a miembros de otras sectas y religiones. Por ejemplo, un cierto *brahmán* (hombre de alta casta) llamado Bavari envió dieciséis discípulos a Buda, para hacerle preguntas y obtener de él conocimientos. Otros vinieron para probarle. Debido a las noticias de que el profeta Gotama había conseguido el cese total del *kamma*, mucha gente de la India de esa época se llenó de admiración. Estaban alborozados al oír las palabras "*sabbakammakkhayam-patto*". Por esta razón la gente comenzó a mostrar interés por Buda.

Debemos seguir el ejemplo de Buda y emprender la tarea de poner fin al *kamma*.

---

[21] Gotama era el nombre del príncipe de la India que dejó su trono y se hizo asceta, habitando en el bosque durante seis años. Después consiguió la iluminación espiritual, y se convirtió en Buda.

22. ¿Qué tipo de vida interior llevaba Buda?

Una vez Buda dijo sobre sí mismo: "El *tathagata* habita en el Templo del Vacío (*suññata-vihara*)". Este es un "templo" espiritual, no físico. Templo (*vihara*) se refiere a una morada espiritual, es decir, un estado de la mente. Este Templo del Vacío es un estado mental que está siempre presente, desprovisto de cualquier idea de un "yo" o una "entidad sólida" o "perteneciente a un yo". Vivir en el templo del vacío supone vivir en la plena consciencia de que todas las cosas están desprovistas de ser o tener una "entidad sólida" un "yo sólido". Esto es "*suññata*", vacío, esto es lo que se llama el Templo del Vacío. Buda habitó el Templo del Vacío, experimentando la felicidad suprema de forma continua. Esto es lo que el Maestro dijo de sí mismo.

23. ¿Por qué se dice que todas las cosas están vacías, que este mundo y todos los mundos son mundos vacíos?

Los seguidores de otras religiones harán preguntas tales como: "¿Por qué dices que el mundo está vacío si contiene todas estas cosas? ¿No importan estas cosas? ¿Acaso no tienen interés? ¿No está el mundo lleno de estas cosas?".

El asunto es que el mundo está vacío de cualquier "entidad sólida", "yo sólido", o de cualquier cosa que pertenezca a dicho "yo". No hay nada que se pueda considerar una "entidad sólida", un "yo sólido" o perteneciente a un "yo". Un "yo o entidad sólida" no se puede encontrar en nada, ni en la mente, ni en la materia, ni en nada que surja de la mente o la materia. Buda dijo que la afirmación de que todas las cosas están vacías no se refiere a otra cosa que al hecho de ser consciente de que están vacías de una "yoidad" o de ser una "entidad sólida".

24. ¿Por qué una mente en este estado de consciencia se describe como una mente vacía o libre (en tailandés, *cit waang*)?

Hay un verso en los Textos que dice: "Está verdaderamente vacío lo que está vacío de avaricia, odio e ignorancia". Una mente está vacía (despejada, desligada o libre) cuando está libre de avaricia, odio e ignorancia. Cuando la mente, por el medio que sea, ha conseguido liberarse de estas impurezas, se puede decir que es una mente libre o vacía.

Sin embargo, aquí nos referimos sólo a lo que se hace de forma activa. Cuando uno está dormido, la mente también está vacía. Ese estado es asimismo un estado de verdadero vacío, pero no hemos provocado este estado de forma intencionada. Esto no es practicar el Dhamma; no pertenece a esta categoría. Pero si de alguna manera hemos hecho un esfuerzo para que la mente se vacíe de avaricia, odio e ignorancia, incluso si sólo lo hemos hecho durante un momento, entonces se puede decir que la mente está libre, desocupada, vacía. Este vacío y libertad se puede incrementar en grado hasta que sea completo, vacío y libertad total. Un *arahant*[22] es absolutamente libre. Los *ariyas* que están en peldaños más bajos de desarrollo son bastante libres. La gente ordinaria puede conseguir la libertad y el vacío ocasionalmente.

Si en algún momento estamos libres de avaricia, odio e ignorancia, entonces en ese momento no existe la idea de una "entidad o yo sólidos". Esto se conoce como una mente vacía o libre (*cit waang*).

---

[22] Un *arahant* es un discípulo de Buda que ha eliminado todo el *dukkha*, y así ha conseguido el estado de *nibbana*, por lo tanto es un individuo totalmente perfeccionado.

25. ¿Cómo llamamos al estado de vacío total?

"*Nibbana*" es el término con el que conocemos el estado de libertad o vacío total. La condición de vacío que resulta de la completa y exhaustiva eliminación de la idea de un "yo sólido" y de una "entidad sólida" es el *nibbana*. Se puede resumir diciendo: "*Nibbana* es vacío supremo" o "el vacío supremo es el *nibbana*". Esta es la visión única que trasciende el conocimiento ordinario.

26. ¿Qué es *nibbana*?

Si te encuentras con alguien que insiste en hacer esta pregunta, responde que *nibbana* es el elemento inmortal (*amatadhatu*). Di que es el elemento que nunca perece. Los demás elementos perecen, pero este no, porque está libre de avaricia, odio e ignorancia. Cuando estamos libres de engaño, no hay idea de un "yo sólido", no nos aferramos a la "yoidad", y por lo tanto no perecemos. Es lo que pone fin a la muerte, por eso se le llama el elemento inmortal. Este elemento inmortal supone el cese del elemento mortal.

27. Hablamos de alguien que encuentra satisfacción en el *nibbana*. ¿cómo denominaríamos esa satisfacción?

Los budistas decimos que uno no debe preocuparse sobre lo que le gusta o le disgusta, o tratar de encontrar satisfacción en esto e insatisfacción el lo otro. Así que ¿cómo podemos compaginar esto con alguien que busca la satisfacción en el *nibbana*? ¿Cómo llamamos a esta satisfacción?

Se ha dicho que la satisfacción en el *nibbana* es *Dhamma-raga* (ansia por el Dhamma) o *Dhamma-nandi* (fascinación por el Dhamma). Podría ser motivo de preocupación el hecho de usar una palabra pali como *raga* (ansia, deseo) junto con Dhamma. Sin embargo, debemos comprender que *"raga"* en *Dhamma-raga* no es el mismo concepto de deseo de objetos visuales, sonidos, olores, sabores y estímulos táctiles; no es un deseo sensual. Se refiere a una satisfacción tan intensa como la que encuentra el laico ordinario en la sensualidad, sólo que esta satisfacción se encuentra en el vacío, en la inmortalidad, en el *nibbana*.

Ahora puede que temamos y odiemos al *nibbana*, y puede que no queramos acercarnos a él. Tan pronto como oigamos la palabra, negaremos con nuestras cabezas. Nunca hemos tenido ningún deseo por el Dhamma o por el *nibbana*. Nuestros deseos siempre han estado dirigidos hacia la sensualidad: colores y formas, sonidos, olores y sabores. Para ser justos con nosotros mismos debemos encontrar tanta satisfacción en el *nibbana* como ahora lo encontramos en esos objetos sensoriales. A partir de ahí nuestra práctica hacia la trascendencia del *dukkha* avanzará fácilmente. De esta forma utilizó Buda las palabras *"Dhamma-raga"* y *"Dhamma-nandi"*.

28. ¿Se alcanza el *nibbana* después de la muerte o aquí en esta vida?

Los Maestros que dan sus conferencias en los salones selectos sólo hablan del *nibbana* que se consigue después de la muerte. Sin embargo, en el *Tipitaka*, esto no es así. Podemos encontrar expresiones como *sanditthika-nibbana* (el *nibbana* que un practicante puede ver personalmente) y *ditthaDhamma-nibbana* (el *nibbana* aquí y ahora). Nos han dicho que los estados gozosos de consciencia experimentados en los cuatro *rupa-jhanas* y los cuatro *arupa-jhanas* (ocho grados de profunda concentración) se denominan *sanditthika-nibbana* o *ditthadhamma-nibbana*. Sin embargo, en este caso, podemos entender estos estados como una anticipación del *nibbana*. Tienen la esencia pero no son idénticos al *nibbana* real. Estos estados no son perfectos ni absolutos, y por esa razón los han denominado *sanditthika-nibbana* o *ditthadhamma-nibbana*.

Y aún podemos encontrar palabras más apropiadas que estas. En una ocasión, Buda describió el cese de la avaricia, el odio y la ignorancia como "*sanditthikam* (directamente visible), *akalikam* (que da resultados inmediatos), *ehipassikam opanayikam* (que invita a todos a ver), *paccattam* (que guía hacia el interior), y *veditabbam viññuhi* (que es experimentado individualmente por el sabio)". Estos términos implican que una persona en vida ha comprendido, sentido y degustado el *nibbana*, y que ahora es capaz de llamar a sus amigos para que vengan y vean lo que ha conseguido. Esto muestra que no ha muerto, y que conoce el gusto del *nibbana* en su corazón.

También hay otras expresiones. *Anupadaparinibbana* es algo que se consigue mientras hay vida. *Parinibbayati* se refiere a la erradicación de *dukkha* y de las emociones aflictivas engañosas sin que sea necesaria la extinción o desintegración de los cinco grupos o agregados (ver *khandhas* en el capítulo 10), es decir, sin que uno tenga que morir físicamente.

La palabra "*nibbana*" en lenguaje cotidiano simplemente significa "frescor, ausencia de calor, ausencia de *dukkha*". Aun así, me gustaría que se considerara la sabiduría de nuestros antepasados tailandeses que tenían un dicho, "el *nibbana* está en el morir antes de la muerte". Probablemente nunca hayas oído este dicho, pero es muy común entre la gente rural. Dice así:

La belleza se encuentra en el cuerpo muerto.
La bondad se encuentra en la renuncia.
El monje se encuentra en la seriedad.
El *nibbana* se encuentra en el morir antes de la muerte.

Nosotros, los descendientes, ¿somos más listos o más estúpidos que nuestros antepasados? Reflexiona sobre este dicho "el *nibbana* esta en la muerte (del yo sólido) antes de la muerte (del cuerpo)". El cuerpo no tiene por qué morir, pero sí el apego a la idea de dicho yo falso. Esto es el *nibbana*. La persona que comprende esto, obtiene la felicidad suprema, y aun así continúa viviendo.

29. ¿Los animales inferiores pueden alcanzar el *nibbana*?

En uno de sus discursos, Buda usa las palabras *parinibba-yati* y *parinibbuto* como referencia a los animales que han sido entrenados para eliminar su firmeza de carácter. Para denominar a un perro, un elefante, un caballo o cualquier otro animal que se entrene para ser domesticado y que deje de ser indisciplinado, podemos usar la palabra *parinibbuto*, precisamente la misma palabra que se usa para un *arahant* (uno que ha eliminado las impurezas por completo). Estas dos palabras se pueden aplicar a quien acaba definitivamente con las emociones aflictivas, alguien que es totalmente calmado. En lengua pali, tal y como se hablaba en la época de Buda, la palabra "*parinibbana*" también se podría usar en este sentido. Cuando se aplica a un ser humano, significa el logro del estado de arahant (la perfección espiritual). Cuando se aplica a un animal inferior, significa conseguir la extinción de su carácter fuerte. Aplicado a un fuego, se refiere a la extinción de las llamas y al enfriamiento de las ascuas; o al arroz hervido una vez que se ha servido en un tazón y se ha enfriado. La palabra usada en el caso de arroz hervido que se sirve en un tazón y se enfría sería *parinibbana*. Era una palabra ordinaria, que se usaba en la vida ordinaria para indicar que algo se estaba enfriando y por lo tanto se hacía inofensivo.

Tenemos que sacar ventaja de lo que supone el *nibbana* y no quedarnos al nivel de las bestias a las cuales se pueden aplicar también palabras como estas. No lo aplaces hasta que tengas la muerte a mano. Eso sería el colmo de la estupidez, desperdiciar el inestimable regalo de Buda. Estudiemos de nuevo los términos "*nibbana*" y "*parinibbana*" con su derivado "*parinibbuto*". Después surgirá el coraje y el ardor para la tarea de penetrar y conseguir lo que llamamos "*nibbana*". No tengamos reparos como aquellos que al oír la palabra "*nibbana*" se quedan aletargados, asustados o simplemente aburridos.

Os pido a todos que prestéis atención a la palabra *nibbana*. La eliminación de las influencias dañinas o incluso la transición de la juventud de alguien podrían denominarse un tipo de *nibbana*. Los animales que han sido entrenados hasta que se ha eliminado su peligrosa firmeza de carácter también son *parinibbuto*, es decir, tranquilos, totalmente serenos. Así que seamos gente muy tranquila, sin tener nada dentro que pudiera encender un fuego y causarnos daño. No produzcamos calor sin sentido, sino que mejor ganemos el premio del *nibbana*. Empezando por los primeros escalones denominados *sanditthika-nibbana* o *ditthadhamma-nibbana*,y subiendo poco a poco, podemos llegar al nivel del verdadero *nibbana*.

30. ¿Cuál es el mayor bien para la humanidad?

EL Iluminado dijo una vez: "Todos los Budas dicen que el *nibbana* es el elemento supremo". El elemento supremo significa "el bien más importante y último para la humanidad". En el lenguaje internacional de la ética se conoce por el término latino *summum bonum*, la bondad suprema, lo mejor que puede conseguir un ser humano en su vida. Los estudiantes budistas coinciden en que si existe un *summum bonum* en el budismo, entonces debe ser el *nibbana*. Respondiendo a la pregunta "¿cuál es el bien supremo para la humanidad?", el budista debe decir, "todos los Budas dicen que el *nibbana* es el elemento supremo".

31. ¿Hay en el mundo algún *arahant*, hoy en día?

Esto se puede responder citando a Buda: "Si todos los *bhikkhus* (monjes) viven de forma correcta, el mundo no estará vacío de *arahants*". Dijo esto el día en que murió. Si surge la duda de si hay algún *arahant* hoy en día, no vayáis por ahí respondiendo simplemente "si" o "no". Esto sería un grave error. Debéis responder citando a Buda: "si todos los *bhikkhus* viven de forma correcta, el mundo no estará vacío de *arahants*".

32. ¿Qué significa vivir correctamente?

"Vivir correctamente" tiene un significado especial propio. Vivir de forma correcta simplemente supone mantener un estado en el que las impurezas mentales, las emociones aflictivas, no puedan obtener nutrientes y se desarrollen. Por lo tanto, no es otra cosa que vivir con una mente libre y vacía todo el tiempo, es decir, una mente que presencia el mundo entero como algo vacío y no se aferra a nada que sea un "yo sólido" o que pertenezca a dicho "yo". Entonces, aunque uno continúe hablando, pensando y actuando para buscar, usar y consumir cosas, no desarrollará la idea de aferrarse a ninguna de ellas como si se tratara de una "entidad sólida", un "yo sólido". Esa misma actividad pero con una atención constante y una introspección en las circunstancias en las que uno está envuelto, es lo que se conoce como "vivir correctamente". En otras palabras, vivir correctamente es vivir de tal forma que las impurezas no tengan medios para resurgir ni para alimentarse.

También podríamos decir que equivale a mantenerse en el Noble Óctuplo Sendero. Esto es vivir correctamente porque el correcto entendimiento, el primer aspecto del Noble Óctuplo Sendero, es simplemente el conocimiento, la comprensión, la perfecta y clara visión de que no hay nada a lo que debamos aferrarnos. Así pues, en el esfuerzo, en el hablar, o en cualquier actividad, no debe haber apego.

Si vivimos correctamente, las impurezas se quedan desnutridas y extenuadas. Abandonan su propia voluntad y al final se extinguen. No hay forma de que vuelvan a resurgir de nuevo, porque la persona ya ha abandonado el hábito de dejarlas resurgir. Esto es importante porque eso que llamamos *anusaya* (tendencias malsanas), que crecen dentro de nosotros, crecen porque nos familiarizamos con las impurezas. Sin embargo, uno que no sabe esto considera estas impurezas entidades permanentes o individualidades, y así caen en la visión errónea del eternalismo (*sassata-ditthi*). Mantener que las impurezas son entidades permanentes que subyacen en lo más profundo del carácter es ser un eternalista, uno que se aferra a la creencia en un "yo" eterno o un alma eterna. Aquellos que tienen visión interior y comprensión basados en los principios del budismo no pueden ver estas cosas como entidades permanentes e independientes, o como individualidades. Hay una razón para su existencia, surgen de acuerdo a las leyes causales. Cuando surgen muy a menudo, uno se acostumbra a estas impurezas y las ve como aspectos permanentes de su propia naturaleza. El hecho de creer que son permanentes nos confunde llevándonos a pensar que subyacen dentro de nosotros a la espera todo el tiempo.

Se debe entender que el *anusaya* son sólo tendencias habituales, el resultado de un proceso de familiarización. Esto es lo que quiere decir la palabra *anusaya*.

33. ¿Es difícil o es fácil ser un *arahant*?

Casi todos responden que es extremadamente difícil. Nadie se atreve a pensar o a decir que es fácil. De nuevo debemos mantenernos en el principio de no dar respuestas absolutas. Con esto nos referimos a los que dicen en términos definitivos que es fácil o que es difícil.

El precepto de Buda es el de causalidad. Si actuamos correctamente según el principio de causalidad, convertirse en *arahant* es fácil. Si actuamos en contra de este principio, la tarea se convierte en extremadamente difícil. La única razón de que nos parezca difícil ser un *arahant* es que estamos acostumbrados a las impurezas. Debemos tener en cuenta las palabras de Buda: "Si vivimos de forma correcta, el mundo no estará vacío de *arahants*." Vivir correctamente no es difícil; no sobrepasa nuestra capacidad. Tenemos que bloquear las impurezas para que no puedan alimentarse. Si queremos matar un tigre, podemos encerrarlo sin comida y él sólo se muere. No sería necesario que entráramos en la jaula, ni que nos enfrentáramos a él dejándole que nos mordiera y nos clavara las garras. Esto es lo que quería decir con lo de que no sobrepasa nuestra capacidad. Esta es la técnica y está dentro de nuestras habilidades.

En conclusión, ser un *arahant* será una tarea fácil o no dependiendo de si utilizamos los métodos correctos o no. Si hacemos lo que dijo Buda, entonces no será difícil. "Vive de forma correcta y el mundo no estará vacío de *arahants*."

34. ¿Seríamos capaces de reconocer un *arahant* si nos encontráramos con uno?

A la gente le gusta mucho preguntar esto. Si nos preguntan si reconoceríamos a un *arahant* si nos encontráramos con él, deberíamos considerar lo siguiente: si no ha llegado la hora de que un *arahant* se revele como tal, entonces nadie podría reconocerlo, ni siquiera otro *arahant*.

Se dice que el anciano Sariputta no sabía que Lakuntakabhaddiya (un monje) también era un *arahant*. Continuó explicándole el Dhamma con el propósito de que se convirtiera en un *arahant*.

Sin embargo, cuando llega la hora de que un *arahant* se revele como tal, entonces una deidad del mundo Brahma[23], que no es *arahant*, sería capaz de reconocerlo. Él podría profetizar quién moriría habiendo obtenido el *nibbana* y quién moriría sin haberlo obtenido.

Por lo tanto, si nos preguntan si seríamos capaces de reconocer a un *arahant* o no, debemos decir que podríamos ser capaces o no, dependiendo de las circunstancias. Incluso los *arahants* entre ellos podrían no reconocerse como tal. Así que no debemos dar respuestas absolutas, diciendo que sí podríamos o que no podríamos, como suelen hacer algunos Maestros en los sermones de los templos a quienes les gusta dar respuestas dogmáticas sobre estas cosas.

---

[23] Mundo de Brahma se refiere a un paraíso de alto nivel. En la India en la época de Buda, la gente creía en muchos reinos celestiales. El Mundo de Brahma es un grupo de paraísos de alto nivel por encima de aquellos donde todas las cosas son bellas y agradables. Bello y agradable son características de paraísos inferiores porque apelan a los sentidos. Los paraísos de Brahma son mucho más refinados y serenos, y albergan reinos con seres que pronto obtendrán el *nibbana*.

35. ¿Dónde podemos encontrar un *arahant*?

Debemos buscar al *arahant* en la extinción de las impurezas mentales. No lo busquéis afanosamente en el bosque, en el monasterio, en una cueva, en una montaña, en un pueblo, en una ciudad o en un centro de meditación. Puedes buscarlo en la extinción de las impurezas. Lleva a cabo cualquier prueba, investigación o experimento que te lo confirme. Si de esta manera no es posible, entonces no hay necesidad de buscar. Lo sabrás por ti mismo, eso es todo. Allí donde se extinguen las impurezas es donde está el *arahant*.

36. ¿Pueden los laicos ser *arahants*?

Tampoco se puede dar una respuesta absoluta a esta pregunta, diciendo que se puede o que no se puede. Se puede responder diciendo que un *arahant* trasciende al estado laico y también al monacato. Ten en cuenta que la creencia en que uno que se convierte en *arahant* debe apresurarse para ser ordenado dentro de los siete días siguientes o si no morirá, surgió de los Maestros demasiado seguros de sí mismos y enérgicos de épocas más recientes, y esta creencia aparece sólo en comentarios, en comentarios de comentarios, y en otros trabajos post canónicos[24]. Un *arahant* siempre debe trascender al estado laico y al monacal. Nadie puede convertir a un *arahant* en un laico ordinario, pero también vive por encima del estado monacal.

Por lo tanto, no hagamos afirmaciones sobre si un *arahant* puede vivir en una casa o no. Incluso aunque pudieran llevarle a una casa nunca podrían convertirle en un laico. Porque ha trascendido tanto al laicismo como al monacato.

---

[24] Estos trabajos se refieren a todos los textos escritos después del *Tipitaka*. Se considera que tienen menos autoridad. Después de que se recopilara el canon Pali, se sucedieron muchos escritos posteriores para ayudar a comprender y a interpretar el canon. A estos escritos en inglés los denominamos "commentaries", "sub-commentaries", etcétera.

37. ¿Es cierto que un asesino puede llegar a ser un *arahant*?

Esto se puede responder fácilmente. Eso que llamamos "la persona" (o "el individuo") tiene que morir antes de que uno pueda convertirse en *arahant*. Si no se mata a esto a lo que llamamos "persona", no hay forma de convertirse en *arahant*. Primero hay que matar la idea de "la persona", "el yo sólido", también la idea de "él", "ella", "animal" o "ser". Es decir, debe cesar todo apego a las ideas de que esto es un animal, esto una persona, esto es un ser perdurable o esto es un "yo". Hacer esto supone matar a la persona o exterminar todo aquello que representa el concepto de persona. A la vez que haces esto, te conviertes en *arahant*. Por eso se dice que uno debe matar a la persona antes de que pueda ser un *arahant*. Buda a veces utilizó palabras más fuertes que esas. En varias ocasiones dijo que debemos matar a los "padres" para poder convertirnos en *arahant*. Con "padres" se refería a las impurezas mentales como la ignorancia, el deseo, el apego, o cualquier actividad del karma que actúa como propagadora, uniéndose para hacer resurgir el "yo sólido" o la idea de "persona". Por lo tanto se deben exterminar, uno tiene que matar a los padres de la "persona" para poder ser un *arahant*.

Existe una historia sobre un afamado asesino en la época de Buda, la historia de Angulimala. Angulimala se convirtió en *arahant* cuando mató a la persona (la idea del yo falso). Cuando Buda le dijo a Angulimala que se había "detenido", Angulimala lo comprendió en el sentido correcto. Algunos malinterpretan esta enseñanza y explican que Buda al decir que se ha detenido, lo que quería decir es que había dejado de matar a gente, lo cual Angulimala todavía no había hecho. Esta no es la explicación correcta. Cuando Buda dijo, "he parado" quería decir "he dejado de ser 'la persona'". He cesado completamente de ser "la persona". Angulimala entendió correctamente las palabras de Buda en el sentido de que se referían a un fin de la persona, con el resultado de que también él fue capaz de exterminar a la persona, a la idea de ser ese individuo. Así Angulimala se convirtió en *arahant* igual que Buda.

La mayoría de la gente ha malinterpretado por completo la simple palabra "parar". La entendieron mal, la explicaron mal, la debatieron y la enseñaron mal, así que el relato se contradice a sí mismo. Decir que uno puede convertirse en *arahant* simplemente dejando de matar a gente es ridículo.

Así que hay que dejar de ser la persona, y matar la firme creencia en individuos, en el "yo falso", en "ellos", antes de poder ser un *arahant*. En otras palabras, para ser un *arahant*, mata a "la persona".

38. ¿De qué está lleno el mundo?

Algunos con una cierta perspectiva responden, "el mundo está lleno de *dukkha*". Por ejemplo, dicen que no hay nada que emerja, se mantenga y desaparezca sino el *dukkha*. Esto es correcto, pero es difícil de comprender.

La pregunta se debe responder como lo hizo Buda: "este mundo está lleno de cosas vacías. Este mundo es vacío. No hay nada que sea un "yo sólido" o que pertenezca a dicho "yo".

No hay que estar satisfecho con decir simplemente: "En el mundo sólo hay *dukkha*. No hay nada que no sea una fuente de *dukkha*". Esta es una afirmación correcta, pero es ambigua y susceptible de malas interpretaciones; porque esas mismas cosas, si no nos aferramos a ellas, no son en absoluto una fuente de *dukkha*. Que esto quede bien claro. Ni el mundo ni ninguna de las cosas que componen el mundo son o han sido por sí mismas fuentes de *dukkha*. En el momento que empezamos a aferrarnos a algo, aparece *dukkha*; si uno no se aferra o se apega a nada, entonces no habrá *dukkha*. Decir que la vida es *dukkha* es superficial, demasiado simple y prematuro. El apego a la vida sí que es *dukkha*; la vida en sí, sin apego a ella, no es *dukkha*.

La vida tiene un propósito, esto no carece de sentido. Algunos piensan que la vida no tiene un propósito porque no saben cómo darle una finalidad. Si sabemos cómo utilizar esta vida como instrumento para descubrir el mundo, las causas del surgimiento del mundo, la completa terminación del mundo y la forma de práctica que nos lleve al cese completo del mundo, entonces esta vida sí tiene un propósito. La vida, por lo tanto, es un medio para el estudio, para la práctica y para obtener los frutos de esa práctica. Es un medio de conocer lo mejor que el ser humano puede conocer, es decir, el *nibbana*. Así que recuerda, esta vida sí tiene un propósito, aunque para el estúpido que no sabe como usarla de ninguna manera lo tiene.

¿Qué es lo que alberga el mundo? Mirándolo desde un punto de vista se podría decir, "está lleno de *dukkha*", o simplemente, "es *dukkha*", pero míralo desde un punto de vista más elevado y podrás decir que no es nada más que un proceso infinito de surgimiento, persistencia, cese, surgimiento, persistencia, cese. Si nos aferramos a esto se produce *dukkha*. Si no nos aferramos, entonces simplemente continúa surgiendo, persistiendo y desapareciendo. Así que debemos tener en cuenta que una persona que ha llegado a ser libre, que se ha convertido en *arahant*, no ve estas cosas como una fuente de *dukkha*, tampoco como fuente de felicidad. Se puede decir que los inmaculados cinco *khandhas* del *arahant* (cinco agregados) no pertenecen a *dukkha*. Sólo está el casualmente condicionado fluir, el cambio y rotación de los cinco grupos.

¿Qué alberga el mundo? Está lleno de cosas que emergen, persisten y desaparecen. Aferrarse a ellas supone producir *dukkha*. No debes aferrarte a ellas y *dukkha* no aparecerá.

39. ¿Qué tipo de mérito tiene poco valor y cuál tiene gran valor?

Buda enseñó que el valor de la consecución de méritos (ver nota número 16) basado en la ambición, no es la decimosexta decimosexta parte[25] del que está basado en el amor universal. La consecución de méritos con la esperanza de ir al cielo, para luego volver a nacer más bello o más rico, o para conseguir placeres sensoriales, está basado en la avaricia. Esto es únicamente apego. La consecución de méritos basada en el apego, se puede llamar consecución de méritos, pero no puede valer la decimosexta decimosexta parte de lo que vale la práctica de *metta* (el amor universal). *Metta* no está basado en el interés personal; se practica en interés de los demás. Es un amor universal para los demás. Los méritos que surgen de *metta* son de gran valor; los méritos basados en la avaricia no llegan a la decimosexta parte de los del amor universal.

---

[25] Esta es una expresión común de la lengua Pali que denota una gran diferencia cuantitativa entre diferentes cosas. El número se alcanza dividiendo la unidad de algo en dieciséis partes, después se cogen cada una de esas partes y se dividen de nuevo en otras dieciséis partes, de nuevo se dividen cada una de ellas en otras dieciséis, se vuelve a repetir el proceso durante un total de dieciséis veces.

40. ¿Dónde se puede conseguir gran mérito?

Buda dijo una vez: "Desarrollar una conciencia de la transitoriedad (*aniccasañña*) sólo durante el tiempo que lleva chasquear los dedos produce más efecto y méritos que proporcionar alimento a toda la sangha cuando estaba dirigida por Buda."

Esto significa que si pudiéramos invitar a toda la sangha budista con Buda a la cabeza a comer, no conseguiríamos tanto mérito como con un exitoso desarrollo de la conciencia de transitoriedad durante un chasquido de los dedos. Este es uno de los puntos fundamentales.

Así que, desconfía de las grandes obras de caridad de las que algunos hacen alarde en los templos, porque están relacionadas con los placeres sensuales. Los grandes méritos, para ser genuinos, deben ser como los que Buda describió. Desarrollar una conciencia de la transitoriedad durante un breve momento es mucho mejor que cualquier donación a los monjes.

41. ¿Dónde se puede encontrar la felicidad? ¿Dónde podemos ir para conseguirla?

En los textos, hay un pasaje que habla de los seres celestiales (*devatas*) que llegan al final de sus méritos, y que llegan al final de sus periodos de vida. También habla de sus deseos de conseguir el estado de felicidad, buscándolo, y deseando saber dónde poder encontrarlo. Al final llegan a la conclusión de que el estado de felicidad se encuentra en el reino de los seres humanos. Los seres celestiales se alegran diciendo, "¡ojalá vuestros deseos se cumplan, ojalá que renazcáis en el estado de felicidad del reino humano!".

La expresión "estado de felicidad en el reino humano" significa que en la transitoriedad del reino humano, los sentimientos de insatisfacción y la comprensión de la ausencia de una "entidad sólida" se pueden percibir más fácilmente que en el reino celestial. En el reino humano están los *arahants*, está Buda, el Dhamma y la sangha. En el reino celestial, esa jungla de sensualidad, no hay nada de esto. Por lo tanto, los seres celestiales vienen al reino humano en busca del estado de felicidad. Resulta ridículo que los seres humanos quieran ir al reino celestial en busca de la felicidad. Aun así, algunos buscan el paraíso y la felicidad en la próxima existencia, en el reino de los seres celestiales. Invierten en esto haciendo méritos, haciendo donaciones de caridad, vendiendo sus casas y sus bienes y construyendo cosas en monasterios. ¿Dónde podemos encontrar el auténtico estado de felicidad? Piensa en esto.

42. ¿Hasta qué punto debemos mostrar interés por esas cosas llamadas *iddhis*?

Primero debemos decir algo sobre los *iddhis*. La palabra *iddhis* significa "poder". Al principio era un término común que se aplicaba a las cosas que tenían la capacidad de impulsar el éxito de maneras muy normales. A cualquier cosa con la capacidad de promover el éxito se la llamaba *iddhi*. El significado se fue extendiendo hacia el éxito conseguido de forma maravillosa o milagrosa, hasta el punto en que nos encontramos con un tipo de *iddhis* que son exclusivamente fenómenos mentales. Como son mentales, tienen propiedades productivas y beneficiosas, lo cual las convierten en más maravillosas y más variadas que cualquier cosa física. Son como los aparatos que nos ahorran trabajo. Hoy en día tenemos máquinas que pueden construir carreteras y mucho más. Esto también se habría llamado *iddhis*, pero resulta que son maravillas físicas. Los *iddhis* a los que nos referimos aquí tienen que ver con la mente; son mentales, no físicos.

Algunos poseedores de *iddhis* (poderes psíquicos) han entrenado sus mentes hasta tal punto que son capaces de hacer que otra gente experimente las sensaciones que ellos quieran que experimenten. Pueden hacer que otros vean cosas con sus propios ojos tal y como aquellos desean que las vean, que oigan alto y claro sonidos tal y como ellos quieren que los oigan, que huelan lo que aquellos quieren que estos huelan, que experimenten sensaciones gustativas como si realmente las estuvieran experimentando con la lengua, y que sientan la suavidad, la dureza y otros estímulos del tacto como si lo estuvieran sintiendo a través de la piel. El procedimiento se puede extender hasta el punto en que el hacedor es capaz de hacer que la otra persona experimente el miedo, el amor o cualquier estado mental sin darse cuenta de por qué. Los *iddhis* son, por lo tanto, extremadamente útiles y muy fascinantes.

Pero este tipo de fenómeno mental no produce cosas físicas. Los poderes psíquicos son incapaces de crear cosas físicas reales que tengan un valor práctico. Ellos solos no pueden crear cabañas para monjes, templos, arroz, pescado o comida, para poder vivir sin problemas. Este tipo de cosas no puede ocurrir. Los objetos parece que existen o se experimenta su existencia a través de los ojos, los oídos, la nariz, la lengua, el cuerpo o la mente sólo durante el tiempo en que el *iddhi* está activo. Después de eso desaparecen. Por eso los *iddhis* no pueden construir una cabaña o un templo por sí mismos. Definitivamente tiene que haber un benefactor laico que lo construya y lo ofrezca. Por ejemplo, "Jetavana" y "Veluvana" (famosos monasterios de bosque en la época de Buda) tuvieron que ser construidos y ofrecidos a Buda. Buda se quedó sin comida debido a la hambruna en varias ocasiones y tuvo que comer el arroz que se había preparado como comida de los caballos, y sólo un puñado por día.

Esto sirve para recordarnos que el reino físico y el reino mental son diferentes y singulares. Es posible probar los *iddhis* de ambos tipos. Buda no negó los *iddhis* mentales pero en absoluto aprobaba su demostración porque son meras ilusiones. Además prohibió que los monjes hicieran demostraciones, él mismo se reprimió de hacerlo. En el *Tipitaka* no encontraremos ninguna señal de Buda demostrando los *iddhis*. Sí que existen relatos de Buda demostrando los *iddhis* pero sólo en comentarios y en otros trabajos. Por lo tanto, la fiabilidad de estos relatos es dudosa, aunque en realidad no hay necesidad de que juzguemos si son reales o no.

Buda dijo: "las variedades de *iddhis* que se han demostrado —volar por el aire, hacerse invisible, clarividencia, clariaudiencia, y algunos otros— son *sasava y upadhika*". *Sasava* significa "asociado con los *asavas*" (las "llagas" del apego a los placeres sensuales, al devenir, a los falsos puntos de vista y a la ignorancia). En otras palabras, los *iddhis* que se llevan a cabo mediante el apego o motivados por el apego se llaman *sasava*. El desarrollo de los *upadhika-iddhis* está motivado por *upadhi*, que significa apego. Así que estos *iddhis* están motivados por el apego. Están desarrollados por una mente que se aferra o se apega. Los *iddhis* de este tipo son *sasava* y *upadhika*.

Ahora prestemos atención al otro tipo de *iddhi —anasava* y *anupadhika*, es decir la habilidad de controlar la propia mente a voluntad. Debemos tomar como ejemplo el asunto de lo desagradable. Aquí alguien hace que uno mismo vea algo como placentero o como desagradable, después puede hacer que lo vea todo como desagradable, o que lo vea como placentero, después que lo vea de ninguna de estas formas, es decir ni placentero ni desagradable. Este es un ejemplo que demuestra la capacidad de controlar la mente de tal forma que se puede mantener constantemente la plena atención y la ecuanimidad en presencia de los objetos sensoriales —formas y colores, sabores, olores, sonidos y sensaciones del tacto— los cuales tienden a influir en la mente. La posesión de la plena atención y la ecuanimidad es un *iddhi*. Es un *iddhi* del tipo llamado *anasava* (libre de *asava*) y *anupadhika* (libre de *upadhi*, sin adulterar, sin apego, sin base para el apego). A todo esto es a lo que llamamos *iddhis*, y de esta forma es como tenemos que verlos.

Los *iddhis* reales desarrollados para provocar milagros psíquicos, los del tipo *sasava* y *upadhika*, son difíciles de realizar. Dominarlos supone mucha práctica, la cual está organizada dentro de un gran método. Esto sólo lo pueden hacer y desarrollar unos pocos. Pero también existe una variedad falsa, basada en pura falacia, un engaño total, a veces mezclándolo con conjuros. Estos de ninguna manera se pueden considerar *iddhis*.

Hay gente que puede demostrar lo que es el *iddhis* aparentemente genuino, pero adquirir estas habilidades es muy difícil y requiere un entrenamiento muy duro. Sin embargo, el *iddhis anasava* y *anupadhika* figura dentro de la capacidad de la mayoría de la gente. Vale la pena que pensemos sobre esto. Desgraciadamente, lo que nos interesa es la clase de *iddhis* que no podemos desarrollar, y no estamos interesados en los más beneficiosos, los que sí podemos desarrollar. Estas cosas llamadas *iddhis* ciertamente tienen un gran atractivo para nosotros, pero nuestra perspectiva sobre este asunto necesita revisión.

43. ¿Dónde se originan el gozo y dukkha?

La creencia generalizada es que la felicidad y el *dukkha* proceden de un *kamma* anterior. Esta es la respuesta menos correcta. El *dukkha* es algo que se produce por unas causas y unas condiciones, y estas son de varios tipos. Ignorancia, deseo, apego y *kamma* son causas. Al decir que *dukkha* viene del *kamma*, nos referimos al nuevo *kamma*, el *kamma* de la vida actual, o lo que es lo mismo, la nueva ignorancia, el deseo y el apego a esta vida. Piensa que estos son los factores responsables de *dukkha*, las raíces que causan el florecimiento de *dukkha*. Debemos tener en cuenta que el viejo *kamma* es incapaz de resistir ante el nuevo *kamma*, porque tenemos el poder de producir nuevo *kamma*. El nuevo *kamma*, el tercer tipo de *kamma*, es capaz de abolir el antiguo *kamma* por completo (ver pregunta 14). El antiguo *kamma* se compone de buen *kamma* y mal *kamma*. No hay ningún otro tipo de *kamma* antiguo. El nuevo *kamma*, sin embargo, puede ser cualquiera de las tres clases, siendo la tercera clase el Noble Óctuplo Sendero. Cuando provocamos su aparición, este suprime el primer y segundo tipo de *kamma*. Si seguimos el Sendero a conciencia, es decir, acabamos con las impurezas por completo, el nuevo *kamma* (el Noble Sendero) doblega completamente al viejo *kamma*, tanto al bueno como al malo. O lo que es lo mismo, el viejo *kamma* (primer y segundo tipo) no puede resistir al nuevo *kamma* (tercer tipo).

Por lo tanto debemos prestar atención a lo que llamamos Noble Óctuplo Sendero. Ya hemos hablado antes sobre lo que supone practicar el camino ordinario, y lo que supone practicar el método veloz (ver pregunta 13). La práctica del método veloz consiste en dirigir el examen de uno mismo hacia la destrucción del apego a las ideas del "yo sólido" y de "lo que pertenece a dicho yo". Si seguimos el Noble Óctuplo Sendero, el nuevo *kamma* será del tercer tipo, el más poderoso de ellos. Una vez que aparezca será afilado y capaz de destruir una gran cantidad del perdurable viejo *kamma*. El *dukkha* surge del nuevo *kamma*, de la ignorancia de hoy, de los deseos y del apego. Y todo esto surge al ver formas y colores, al oír sonidos, al oler aromas, al degustar sabores simplemente ayer y el día antes. Esto se puede limpiar con el nuevo *kamma* el cual producimos en todo momento. No te engañes pensando que todo se debe al *kamma* anterior. El *kamma* anterior se puede rastrear hasta una serie de causas a las que se puede eliminar. Así que no ignoréis el nuevo *kamma* de este tercer tipo. Es capaz de aniquilar al viejo *kamma* por completo.

44. ¿Cómo podemos acabar con *dukkha*?

No acabamos con *dukkha* en el monasterio, en el bosque, en casa o en la montaña. Acabamos con él justo desde la causa misma de *dukkha*. Lo que debemos hacer es investigar y descubrir la forma en la que *dukkha* surge en nosotros cada día y de qué raíz se origina. Después tenemos que cortar esa raíz concreta. El *dukkha* de ayer vino y se fue. Ya no puede volver; eso está terminado. El problema es el *dukkha* que surge hoy, justo ahora. El *dukkha* que puede surgir mañana, todavía no es un problema, pero el *dukkha* que se genera justo en este momento es el que se tiene que erradicar. Entonces ¿dónde está, para poderlo erradicar? Se debe erradicar en su origen. Tenemos que estudiar la vida hasta darnos cuenta, como dijo Buda, del momento en que surge el *dukkha:* simplemente del hecho de aferrarse a las cosas.

A menudo se dice elocuentemente, pero de forma ambigua, que el nacimiento, el envejecimiento y la muerte son *dukkha*. Pero el nacimiento, envejecimiento y muerte no es *dukkha* mientras que no nos aferremos a "mi nacimiento", mi "envejecimiento" o "mi muerte". En este momento nos aferramos al nacimiento, al envejecimiento, al dolor y a la muerte como algo "nuestro". Si no nos aferramos entonces no es *dukkha*, sólo son cambios corporales. De este modo el cuerpo cambia y lo llamamos "nacimiento", el cuerpo cambia de nuevo y lo llamamos "envejecimiento", vuelve a cambiar y lo llamamos "muerte", pero no somos capaces de ver esto como simples cambios corporales. Lo vemos como nacimientos reales, y lo que es más, lo llamamos "mi nacimiento", "mi envejecimiento" y "mi muerte". Esto es un engaño múltiple porque el "yo sólido", para empezar, es una falsa ilusión, así que ver los cambios corporales como "mi nacimiento" o como "mi envejecimiento" intensifica esta falsedad. No acertamos a ver que estos son simplemente cambios corporales. Ahora, tan pronto los veamos sólo como cambios corporales, el nacimiento, el envejecimiento y la muerte desaparecerán, y el "yo falso" desaparecerá al mismo tiempo. Nunca más habrá un "yo", y ese estado estará libre de *dukkha*.

Buda dijo, "el nacimiento es *dukkha*, el envejecimiento es *dukkha*, la muerte es *dukkha*", y la mayoría de la gente, de hecho casi toda, lo malinterpreta. Estos señalan como *dukkha* la condición del nacimiento, la condición del envejecimiento y la condición de la muerte. Algunos ni siquiera pueden explicarlo. Algunos profesores dubitativos e imprecisos lo explican de forma vaga y ambigua, dando un rodeo de forma evasiva. Esto es porque olvidaron que Buda dijo, "*sankhittena pancupadanakkhandha dukkha*", o lo que es lo mismo, "cuando te aferras a los cinco grupos o agregados, aparece el *dukkha*". Los agregados son el cuerpo y la mente, y juntos constituyen la persona. Si nos aferramos a algo que sea "yo" o "mío", entonces los cinco grupos o agregados son *dukkha*. Estos cinco grupos son una pesada carga, ya que son una fuente de *dukkha*. Hay fuego y azufre en esos cinco grupos. Así que los cinco grupos, mezclados con el apego, producen *dukkha*.

Ahora supón que estos cinco grupos o agregados están en la condición conocida como "envejecimiento". Si la mente no se aferra a ellos como "envejecimiento" o como "mi envejecimiento", entonces no serán *dukkha*. Por lo tanto debemos ver el cuerpo como algo vacío, las sensaciones como algo vacío, las percepciones vacías también, las actividades mentales como algo vacío y la consciencia igual. Debemos ver todas las cosas, cuyas condiciones fluyen y se arremolinan, como vacías. Sin apego no puede haber *dukkha*. Esos son los cinco agregados o grupos purificados, disociados del apego. Esos son los cinco agregados de un *arahant*, o lo que asumimos que sean los cinco grupos de un *arahant*. Porque en realidad, un *arahant* no se puede describir como alguien que posea los cinco agregados, pero vemos estos grupos como receptáculo de las virtudes del *arahant*. Ese tipo de mente no puede aferrarse de ninguna manera a los agregados en el sentido de "míos", aun así podemos llamarles los cinco grupos o agregados purificados de un *arahant*.

¿Cómo podemos acabar con *dukkha*? Tenemos que eliminar *dukkha* desde sus raíces, es decir cuando surge el apego. El *dukkha* que surge del apego a la riqueza debe ser erradicado justo ahí en ese apego. El *dukkha* que surge del apego a las ilusiones del poder, del prestigio, el honor y la fama debe ser erradicado justo en ese momento de apego. Por lo tanto la riqueza, el poder y el prestigio no son *dukkha* en sí mismos. Así que descubre dónde surge y elimínalo allí. Según las palabras de los antiguos expertos en Dhamma: "De la misma forma que emerge, derríbalo".

45. Para conocer algo totalmente, en su verdadera naturaleza, ¿hasta qué punto debemos conocerlo bien?

Ruego que escuchéis particularmente las palabras de Buda que ahora explicaré. Buda dijo que para conocer totalmente cualquier objeto, debemos saber cinco cosas de él, a saber:

1. ¿Cuáles son las características o propiedades de ese objeto?
2. ¿De dónde ha surgido el objeto?
3. ¿Cuál es su *assada*, su cualidad más incitante, su encanto, su atractivo?
4. ¿Cuál es su *adinava*, el peligro escondido, el poder siniestro de herir que yace oculto en él?
5. ¿Cuál es su *nissarana*, el truco mediante el cual podemos sacar lo mejor de él? ¿Cuál es el instrumento, el medio adecuado para escapar del apego a este objeto?

Así que para conocer algo totalmente debemos responder a estas preguntas:

1. ¿Cuáles son sus propiedades?
2. ¿Cuál es su origen, su lugar de nacimiento?
3. ¿Cuál es su *assada*, su atractivo?
4. ¿Cuál es su *adinava*, su característica dañina, su peligro?
5. ¿Cuál es su *nissarana*, la forma de librarse de su poder?

Hay cinco preguntas en total. Si estudias cualquier objeto desde estos cinco puntos de vista, obtendrás lo mejor de ese objeto. En este momento puedes estar estudiando la licenciatura o el posgraduado, pero si no los estudiamos desde estos cinco puntos de vista, entonces estamos dominados por los objetos, es decir por el mundo. Si estudiamos el mundo en base a estos cinco aspectos, no hay forma de que el mundo pueda dominarnos. Por lo tanto seamos cuidadosos a la hora de estudiar el mundo. ¿Por qué estudiamos? ¿Con qué propósito final estudiamos? Si nuestro propósito es estudiar para construir la paz en el mundo, debemos ser cuidadosos. Nuestros estudios nunca traerán ningún beneficio si no están basados en este principio budista.

Puede que nunca hayas oído hablar de estas cosas llamadas *assada*, *adinava* y *nissarana*, aun así el *Tipitaka* está lleno de ellas. Estas tres palabras casi nunca se nos presentan ante nuestros ojos u oídos, pero recuerda que aparecen frecuentemente en el *Tipitaka*. Cuando Buda quería impartir el conocimiento real de algo, enseñaba de acuerdo a estos parámetros. A veces lo acortaba, considerando sólo los últimos tres puntos. ¿Cuál es el origen del atractivo del objeto? ¿Cuál es el origen de sus propiedades dañinas? Todos los objetos tienen ambas cualidades el atractivo y el dañino. ¿Mediante qué astutas maniobras podemos sacar lo mejor de estos?

Hay, por así decirlo, un anzuelo escondido en ese cebo. El *assada* es el jugoso cebo que atrae al pez para que muerda. El anzuelo oculto es el *adinava*, es decir, el peligroso y cruel poder de hacer daño que permanece escondido dentro del cebo. Y el *nissarana* es la técnica para descubrir esta trampa. El pez debe de encontrar una técnica para comerse el cebo sin caer en el anzuelo. A partir de entonces el cebo ya no sirve como tal, pero se convierte en un buen trozo de comida, que el pez puede devorar sin peligro.

Por eso debemos mirar siempre al mundo teniendo en cuenta estos cinco aspectos. Uno de lo aspectos del mundo, el *assada*, el cebo, nos atrae hasta que nos quedamos tan profundamente absortos en él que hacemos caso omiso de todo lo demás. Sin embargo hay un anzuelo dentro. La gente que sucumbe a esta trampa y queda enredada en el mundo no puede liberarse, se ahogan en el mundo, es decir en *dukkha*. Ahora, los *ariyas* ven claramente el *assada*, el *adinava* y el *nissarana* tal y como son realmente. Por lo tanto son capaces de vivir en el mundo, comiendo el cebo del mundo pero sin tragarse el anzuelo. Conocen cada objeto lo suficientemente bien como para ser conscientes de estas cinco cosas: sus propiedades, sus *samudaya* (la raíz causal), su *assada* (el cebo), su *adinava* (el anzuelo) y el *nissarana* (la estratagema). Para conocer bien cualquier objeto debemos aprender y llegar a entender estos cinco factores, o por lo menos los tres últimos.

No importa a qué tipo de cosas nos enfrentemos en el curso de nuestros estudios y de otras actividades, debemos aplicar estos principios a todas ellas. Entonces sabremos cómo diferenciar, y seremos capaces de obtener las mejores recompensas sin salir perjudicados. Esto es lo que llamamos "conocer en su totalidad". Si seguimos este conocimiento será fácil practicar el Dhamma y dejar atrás las impurezas. Si miramos al mundo en base a estos cinco aspectos, le veremos lleno de atractivos encantos en el exterior y de peligros en el interior. Debemos ver el mundo como un engaño, como algo falso, una decepción, una ilusión, y de esta forma no nos veremos enredados en él, y tampoco nos encapricharemos con él. Una mente que opera con visión clara podrá considerar los colores, los sabores, las formas, los sonidos, los olores, las sensaciones táctiles y las imágenes mentales en los términos de estos cinco aspectos. Nunca la podrán dominar y, el deseo y el apego a la idea del "yo sólido", de "una entidad sólida", no podrán desarrollarse. La libertad será su condición normal en el día a día. Finalmente, no está más allá de nuestra capacidad el hecho de practicar el Dhamma y de hacer progresos hacia el *nibbana*.

46. ¿Qué significa alcanzar la corriente del *nibbana*?

Volvamos al sentido que le dimos anteriormente a la palabra *nibbana*, es decir, el bien más elevado que puede conseguir la humanidad (ver pregunta 30). Aquellos que mueren sin haber conocido el estado de *nibbana* o sin haber probado siquiera su sabor, han desperdiciado sus vidas.

"La corriente del *nibbana*" se refiere a un nivel de logro que asegura un flujo y una tendencia sólo hacia el *nibbana*. Fluye hacia la extinción de *dukkha*, nunca cambia el curso hacia *dukkha* de nuevo o hacia los Estados Lamentables (ver pregunta 47). A esto le llamamos "la corriente".

Uno que ha conseguido la corriente es un *sotapanna* (el que entra en la corriente). Un *sotapanna* no ha llegado del todo al *nibbana*. El que entra en la corriente obtiene el *ditthadhamma-nibbana* (ver pregunta 28), o el *tadanga-nibbana* (*nibbana* fortuito), o el que corresponda según el caso. Pero habiendo conseguido la verdadera corriente del *nibbana*, uno nunca vuelve a aferrarse al *assada* o al *adinava* (cebo y anzuelo) del mundo. El mundo nunca podrá volver a engañar a esta persona. Esto no significa, sin embargo, que uno abandone todas las conexiones con este mundo, o que abandone por completo las satisfacciones del placer sensual. Simplemente quiere decir que la mente de esa persona ha comenzado a ver las cosas como indignas de que nos aferremos a ellas. Hay una certeza casi absoluta de que esta persona no volverá a aferrarse o a sentir apego por algo, aunque podría hacerlo en momentos ocasionales de inconsciencia.

Para ser un *sotapanna*, debemos liberarnos de tres "ataduras" (*samyojana*), que son, la creencia en una entidad individual permanente (*sakkayaditthi*), la duda (*vicikiccha*) y la superstición (*silabbatapaparamasa*). Desprendernos de la creencia en una entidad individual permanente es desprendernos de un tipo de engaño, dejar la duda es dejar otro tipo de engaño y dejar la superstición es dejar un tercer tipo de engaño. Aunque en este nivel, uno no se ha desprendido todavía del deseo de placeres sensuales (*kamaraga*), la cuarta atadura. Un *sakidagami* ("el que ha vuelto una vez", un nivel más avanzado que el *sotapanna*), tampoco se ha desprendido de esto. Esto quiere decir que aunque uno no pueda desprenderse del deseo sensual, no tiene por qué caer todavía en el foso de la sensualidad. Aunque alguien pueda tener contacto o indulgencia con la sensualidad, puede que lo haga siendo consciente, como un *ariya*. Sin embargo, no olvides que una persona en este nivel ha dejado la creencia en un "yo sólido", en una "entidad sólida", la duda y la superstición. Este es el criterio para alcanzar la corriente del *nibbana* y continuar hacia el *nibbana* en sí.

Por lo tanto, es una cuestión de desprenderse de la equivocación. Se debe dejar la equivocación antes de dejar el deseo sensual (*kamaraga*). El deseo sensual aún no es un problema peligroso ni un enemigo terrorífico; lo que es terrorífico es la ignorancia. En los textos se dice que la cosa más hedionda de todas es una mente que se aferra al "yo sólido", al ego. Buda no señaló al placer de los sentidos como la cosa más impura; señaló al engaño. Generalmente tendemos a sobreestimar o sobre valorar el hecho de que un *sotapanna* abandone su implicación con la sensualidad. Cuando su pauta se malinterpreta, todo el dibujo se distorsiona y no hay forma de que las cosas puedan volver a concordar. Por lo tanto, es esencial que sepamos lo que significa conseguir el primer nivel, la corriente del *nibbana*. Lo primero que hay que abandonar es la ignorancia, no el deseo de los placeres sensuales.

La creencia en el "yo sólido" (*sakkayaditthi*) es el egocentrismo. El egocentrismo, como ocurre habitualmente, se produce cuando no conseguimos percibir el *suññata* (el vacío) incluso de forma burda. La mente está confusa y no es libre; la consecuencia es que aparece la creencia en el "yo sólido". Para ser un *sotapanna* hay que dejar para siempre la creencia en el "yo sólido". Según el curso normal de los acontecimientos, esta aparece y termina, aparece y termina.

La creencia en ese "yo sólido" aparece cada día muchas veces. Sin embargo, hay veces que no aparece. Tenemos que estudiar cómo es tener creencia en dicho "yo" y cómo es estar libre de ella. Cuando hay egocentrismo lo llamamos *sakkayaditthi*.

Ahora bien, *vicikiccha* es la duda o la indecisión sobre lo que se puede tomar como cierto, indecisión sobre si creer o no creer en Buda, indecisión sobre si practicar o no el desarrollo mental para extinguir por completo el *dukkha*. Al existir esta indecisión, uno no puede estar suficientemente interesado en el Dhamma. En estas circunstancias es difícil estar interesado en el Dhamma incluso durante cinco minutos; pero sí se puede estar interesado en cosas tales como el entretenimiento y las risas, la comida y la bebida, el estudio y el aprendizaje, el negocio y el trabajo, durante muchas horas al día. Si el mismo tiempo que dedicamos al entretenimiento y las risas lo dedicáramos a desarrollar un interés en el Dhamma, lo entenderíamos rápidamente. El tipo de indecisión más importante tiene que ver con el hecho de si sería bueno o no, adoptar los recursos de Buda para extinguir *dukkha*. La indecisión al emprender el sendero de la extinción de *dukkha* constituye un gran problema y un gran peligro. La mayoría de la gente considera esta expectativa carente de gusto, desagradable, y poco atractiva, porque se sienten atraídos por los placeres mundanos. Por lo tanto la duda debe erradicarse. Estamos sometidos a *dukkha*; debemos ser firmes y poner fin a *dukkha*.

La tercera atadura es *silabbataparamasa* (superstición crónica). Mírate y observa qué clase de conducta supersticiosa crónica eres propenso a exhibir. Te han enseñado a temer a pequeños lagartos inofensivos y a otros animales de ese tipo hasta que se ha convertido en costumbre. Esto es una superstición. Es primitivo e infantil. Puede que te hayan enseñado a creer en árboles sagrados, montañas sagradas, templos sagrados y casas con espíritus sagradas: todo esto es también una superstición. *Silabbataparamasa* es la superstición referente a cosas que uno hace. Otro ejemplo es tomar cosas que deberían servir para un propósito y usarlas para otros fines; por ejemplo, permitir que las obras caritativas refuercen el egoísmo cuando deberían ser utilizadas para eliminarlo. Por consiguiente, hay obras de caridad que son superstición, y hay también una rigurosa adhesión a preceptos morales por parte de monjes y laicos, que es también una superstición. A una interpretación falsa y supersticiosa de algo se le denomina *silabbataparamasa*.

Por favor sigue conmigo mientras doy sólo un ejemplo más de la tercera atadura: los Cuatro Estados Lamentables, que aparecen representados en las paredes de los templos —el infierno, el reino de las bestias, el reino de los espíritus hambrientos (*petas*), y el reino de los demonios cobardes (*asuras*)[26]. Se nos enseña a creer que después de nuestra muerte podemos descender a los cuatro reinos de aflicción. Nunca se nos enseña que caemos en dichos estados cada día. Estos estados de aflicción son más reales y más importantes que aquellos de las paredes de los templos. ¡No caigáis en ellos! Si no caes en estos estados de aflicción ahora, puedes estar seguro de que no caerás en ellos después de tu muerte. Nunca se enseña esto, por eso la gente nunca llega a la esencia y al significado real de "los Cuatro Estados Lamentables". Buda no era un materialista. No tomaba el cuerpo como punto de referencia tal y como lo hace la historia del infierno en la que se dice que nos hierven y nos asan en una cacerola de cobre. Buda tomaba la mente como su punto de referencia.

---

[26] Estos "Estados Lamentables" son algunos de los reinos de sufrimiento del ser en la cosmología Budista y de la antigua India. Las representaciones en las obras de arte budistas de los templos son a menudo bastante literales, siguiendo sus descripciones textuales.

47. ¿Cuál es el significado de los Cuatro Estados Lamentables?

El primer estado es el infierno. El infierno es la ansiedad. Siempre que uno experimenta ansiedad que le arde y le abrasa en su interior, simultáneamente vuelve a nacer como una criatura del infierno. Es un renacimiento, un renacimiento mental. Aunque el cuerpo habita físicamente en el reino humano, cuando aparece la ansiedad, la mente cae en el infierno. La ansiedad ante una posible pérdida de prestigio o fama, la ansiedad de cualquier tipo, eso es el infierno.

Ahora bien, reencarnar en el reino de las bestias es debido a la estupidez. Esto ocurre cuando uno es imperdonablemente estúpido, estúpido en no saber que Dhamma y *nibbana* son deseables, estúpido al no atreverse a explorar el budismo, o estúpido al sostener la creencia de que si una persona se interesa en el Dhamma o en el Budismo esto podría tener el efecto de hacerla parecer pasada de moda y rara. Así es como lo ven los niños y sus padres también. Tratan de alejarse del Dhamma y de la religión. Esta estupidez, sea cual sea, nos lleva a renacer como animales. Cuando aparece la estupidez y esta nos abruma, nos convertimos en animales. Uno se convierte en una bestia por renacimiento espontáneo, por un renacimiento de la mente. Este es el segundo Estado Lamentable.

El tercer estado es la condición de un *peta*, un espíritu que está permanentemente hambriento porque sus deseos continuamente superan el abastecimiento de artículos. Es un hambre mental crónica que sufre la gente; no es sólo un deseo del alimento físico. Por ejemplo, un hombre quiere obtener 1,000 baht (la moneda tailandesa). Tras conseguir 1,000 baht, de repente quiere 10,000 baht. Una vez conseguidos, súbitamente quiere 100,000 baht. Tan pronto como los consigue, es 1 millón lo que persigue, o 100 millones. Es un caso de perseguir y nunca alcanzar. Tiene todos los síntomas del hambre crónica. Se asemeja a un espíritu hambriento en que tiene el estómago tan grande como una montaña y la boca tan pequeña como el ojo de una aguja. Lo que consume nunca es suficiente para calmar el ansia, así que esta persona siempre será un *peta*.

Lo directamente opuesto al *peta* es la persona que cuando recibe 10 satang (100 satang son 1 baht tailandés) está contento con eso, o si consigue 20 satang está también satisfecho. Pero no creas que sentirse satisfecho tan fácilmente significa que uno cae en decadencia y deja de buscar cosas. La inteligencia le dice lo que tiene que hacer y uno lo hace correctamente. De esta manera, uno se llena de satisfacción cada vez que persigue algo. Se divierte en la búsqueda y luego se siente satisfecho. Así es como hay que vivir para no ser un *peta*, es decir, sin tener ese hambre crónico. Buscar algo motivado por el ansia supone ser un *peta*. Buscar algo con inteligencia sin estar motivado por el deseo, supone no ser un *peta*; simplemente uno hace lo que tiene que hacer.

Por lo tanto, un deseo como el de extinguir el *dukkha* no es ansia. No vayáis diciendo a la gente cosas erróneas, expandiendo el rumor de que el mero deseo es codicia o ansia. Para que sean catalogados como codicia o ansia deben ser deseos que nacen de la ignorancia. El deseo de alcanzar el *nibbana* es codicia, si se persigue con insensatez, encaprichamiento y orgullo. Buscar lecciones en la meditación de la visión clara[27] sin saber de lo que se trata, es ansia y codicia; es la ignorancia la que conduce a *dukkha* porque está llena de ansia y avaricia. Sin embargo si una persona desea alcanzar el *nibbana*, tras percibir el *dukkha* de forma clara e inteligente y los medios para extinguirlo, y en este estado mental aprende de forma seria y constante la correcta meditación de la visión clara, entonces ese deseo de alcanzar el *nibbana* no implica ansia

---

[27] La meditación de la visión clara es una meditación budista cuyo objetivo es ganar sabiduría a través de la práctica de la atención; se la conoce con el nombre de meditación *Vipassana* y es muy popular en Burma, Tailandia y en algunas partes de la India.

y no es *dukkha*. Por lo tanto, desear no es necesariamente codicia. Todo depende de dónde se origine. Si sus raíces son la ignorancia o las emociones aflictivas, los síntomas serán los mismos que los del hambre crónico, el perseguir algo sin lograr alcanzarlo. Hablamos de esta condición de hambre crónica como renacimiento espontáneo, como un espíritu hambriento (*peta*).

El último estado de aflicción es el reino de los *asuras* (demonios cobardes). Primero hay que explicar lo que significa *asura*: "*sura*" significa valiente, "a" significa no, así pues *asura* significa "no valiente" o cobarde. Siempre que uno es cobarde sin razón, ha renacido espontáneamente como un *asura*. Tener miedo de pequeñas e inofensivas lagartijas, milpiés, o lombrices de tierra por ejemplo son miedos injustificados y una forma de *dukkha*. Tener miedo innecesariamente, o tener miedo de algo por obsesión es renacer como un *asura*. Todos tememos a la muerte, pero nuestro miedo se hace cien o mil veces mayor por nuestra propia exageración del peligro. El temor nos atormenta todo el tiempo. Una persona que tiene miedo al infierno se convierte en un *asura*. Así cae en los Cuatro Estados Lamentables día tras día, mes tras mes, año tras año. Si actuamos correctamente y no caemos en estos Cuatro Estados ahora, podemos estar seguros de que tras nuestra muerte no caeremos en los Estados Lamentables representados en las paredes de los templos.

Esta interpretación de los Estados Lamentables concuerda en significado y propósito con lo que Buda enseñó. Estas falsas creencias en lo concerniente a los Estados Lamentables deberían reconocerse como supersticiones. Lo más lamentable de los budistas es la forma inadecuada de interpretar las enseñanzas de Buda y la estúpida manera de ponerlas en práctica. No hay necesidad de buscar la superstición en otro sitio. En los textos hay referencias a la gente imitando la conducta de vacas y perros; estas eran prácticas comunes en India en la época de Buda. No existe ya esto actualmente, pero existen conductas ahora que son tan estúpidas y mucho menos deseables. Por lo tanto abandona toda superstición y déjate llevar por el *nibbana*. Abandonar la creencia en una permanente entidad del "yo", abandonar la duda y abandonar la superstición es entrar en la corriente del *nibbana* y tener el ojo-Dhamma, el ojo que ve el Dhamma y está libre de engaños y de ignorancia.

Ten en cuenta que dentro de nosotros hay siempre cierto grado de ignorancia y de engaño en forma de la creencia en el "yo" falso, la duda, y la superstición. Debemos dar un paso hacia delante y liberarnos de estas tres clases de ignorancia para entrar en la corriente del *nibbana*. De ahí en adelante hay una corriente descendente que baja la ladera de una montaña. Si vas a practicar en la línea del camino hacia el *nibbana*, debes entender que hay que abandonar estos tres tipos de engaño e ignorancia antes de poder abandonar el deseo sensual y el odio, que son ataduras de un nivel superior y más sutil. Sólo con abandonar estas tres formas de ignorancia se entra en la corriente del *nibbana*. Abandonar por completo la visión deformada del yo, la indecisión a la hora de marcar nuestros objetivos de vida y el arraigado comportamiento supersticioso, supone entrar en la corriente del *nibbana*. Se puede ver que este tipo de renuncia es universalmente valiosa y aplicable a todas las personas del mundo. Estas tres formas de ignorancia son indeseables. Tan pronto como una persona consigue vencerlas se convierte en un *ariya*, un noble. Antes de esto, es un necio, una persona desorientada, una persona de baja estirpe, lejos de ser un *ariya*. Cuando ha mejorado y progresado hasta el nivel más alto del individuo corriente, entonces debe avanzar todavía más allá, hasta que alcance el estado en el que ya no se puede ir a ningún sitio que no sea la corriente del nibbana convirtiéndose en un *sotapanna*. Después se puede continuar progresando hasta el *nibbana* en sí.

La práctica que nos aleja del apego, la visión deformada del yo y la ignorancia es observar que las cosas no merecen que sintamos apego por ellas. Así que debemos empezar a mostrar interés en no aferrarnos a las cosas en este preciso minuto, según el nivel más apropiado para cada uno. Si fallas en un examen, no hay necesidad de lamentarse, ten la determinación de comenzar de nuevo y hacerlo lo mejor posible. Si pasas un examen, no debes entusiasmarte, debes darte cuentea de que eso es lo normal. Entonces comenzará a surgir un entendimiento del hecho de no aferrarse o apegarse a las cosas.

Cuando te sientas para hacer un examen, debes olvidarte de ti mismo. Ten presente esto. Cuando comiences a escribir una respuesta, debes olvidarte de ser tú mismo. En un examen, olvídate del "yo" que está haciendo un examen y que va a aprobar o a suspender. Puedes pensar de antemano en lo que hacer para aprobar el examen y hacer planes para conseguirlo, pero una vez que comienzas a escribir, debes olvidarte de todo esto. Sólo deja sitio a la concentración, que penetrará en las preguntas y buscará las respuestas. Una mente que se libera del "yo" que va a aprobar o suspender o de "lo mío", se vuelve ágil y limpia. Esta mente empezará a recordar de forma inmediata y a pensar de forma vivaz. Así que sentarse a hacer un examen con una concentración apropiada producirá buenos resultados. De esta forma se pone en práctica la mente vacía, o el desapego budista, a la hora de hacer un examen. Y así se consiguen buenos resultados.

Aquellos que no saben cómo hacer uso de esta técnica siempre sienten ansiedad por suspender. Se ponen tan nerviosos que son incapaces de recordar lo que habían aprendido. No pueden responder las preguntas de forma exacta y ordenada. Por consiguiente suspenden miserablemente. Otros se dejan llevar por la idea de que "soy brillante; estoy seguro de aprobar". Un estudiante que se deja llevar por este tipo de apego es también susceptible de hacerlo mal, porque carece de una mente vacía. Por otra parte, para la persona con *cit waang* no existe el "yo" o "lo mío", así que no puede aparecer el pánico o el exceso de confianza. Sólo queda la concentración, que es un poder natural. Olvidándose por completo de sí mismo, puede aprobar fácilmente. Este es el ejemplo más básico y elemental del efecto del desapego y del *cit waang*.

Una persona engañada, tan pronto como oye la palabra *suññata* mencionada en los discursos de los templos, la traducen como "el vacío absoluto o la nada". Esta es una interpretación materialista y así es como lo entienden algunos grupos. El *suññata* de Buda significa la ausencia de cualquier cosa a la que nos pudiéramos aferrar como entidad permanente o como "yo sólido", aunque físicamente todo lo que comprende está allí, en su totalidad. Si nos aferramos, aparece *dukkha*; si no nos aferramos, entonces no hay *dukkha*. El mundo se describe como vacío porque no hay nada en absoluto a lo que tengamos derecho a aferrarnos. Debemos arreglárnoslas con este mundo vacío, con una mente que no se aferra. Si queremos algo, debemos ir a buscarlo con una mente libre de de apego, de tal manera que consigamos el objeto deseado sin que se convierta en una fuente de *dukkha*.

Malinterpretar la palabra "vacío", sólo esta simple palabra, es una gran superstición (*silabbataparamasa*) y constituye un importante obstáculo para conseguir la corriente del *nibbana*. Así que conozcamos de forma apropiada y por completo el sentido de la palabra "vacío" y de todas las demás palabras que utilizó Buda. Describió el mundo como un vacío porque no hay nada en él que se pueda considerar un "yo sólido" o un individuo. Él dijo una vez, "mira siempre el mundo como algo vacío. Considera siempre este mundo con todo lo que contiene como algo vacío". Al verlo vacío, automáticamente la mente se libera del apego. No puede surgir la avaricia, ni el odio, ni la ignorancia. Si conseguimos esto nos convertimos en *arahant*. Si no lo conseguimos, entonces tenemos que seguir intentándolo; porque aunque aún seamos una persona ordinaria, tendremos menos *dukkha*. El *dukkha* no aparece siempre y cuando haya *cit waang*. Siempre que nos dejemos llevar y cometamos un desliz, vuelve a aparecer el *dukkha*. Pero si estamos muy atentos, observando y produciendo vacío cada vez con más insistencia y de forma continuada, entonces penetramos en el corazón del budismo, y conoceremos la corriente del *nibbana*.

48. ¿Cuáles fueron las últimas instrucciones de Buda?

Como todo el mundo sabe, una persona que está a punto de morir normalmente confecciona un testamento, o deja un conjunto de instrucciones. Cuando Buda estaba al borde de la muerte, estas fueron sus últimas palabras, "todas las cosas de este mundo están sometidas a la decadencia. Procura estar dotado de atención plena". Todas las cosas no son otra cosa que un fluir perpetuo, es decir, están vacíos de un "yo" definitivo. Todas las cosas son *anicca*; cambian continuamente, fluyen interminablemente. Este flujo perpetuo está desprovisto de cualquier "yo sólido" o de cualquier cosa que pertenezca a dicho "yo". Debemos estar atentos y preparados. En otras palabras, no seáis insensatos, no os encaprichéis de las cosas y no las veáis como algo a lo que vale la pena aferrarse. No te apegues absurdamente a las cosas. Esto es lo que quería decir con atención plena. Debemos equiparnos siempre con esta atención plena.

Ahora lo que nos preocupa es la gente joven. Son unos incautos por completo. Ven todo tipo de cosas como deseables totalmente, como merecedoras de nuestro apego. Aferrarnos a las cosas tanto a las deseables como a las detestables es al final una fuente de angustia para uno mismo y para otros. Esa gente, incluso los de formación budista, no cumple con las instrucciones finales de Buda. Están desperdiciando el beneficio de haber nacido humano. No están llevando a cabo los últimos deseos de Buda.

Todos nosotros, tanto los viejos como los jóvenes, estamos en condiciones de poder cumplir con las últimas instrucciones de Buda. No seamos incautos o irreflexivos. No miremos inconscientemente a las cosas como merecedoras de nuestro apego. Veamos siempre al mundo como algo desprovisto de cualquier "yo sólido" o de cualquier cosa que pertenezca a ese "yo". Nuestras mentes estarán libres de apego; la avaricia, el odio y la ignorancia no aparecerán en ellas. De esta manera, alcanzaremos el objetivo más elevado que puede conseguir la humanidad. En otras palabras, todos los problemas cesarán, y eso es todo.

Buda dio otra recomendación final: "Marchad hacia delante y predicad bien la doctrina, siendo espléndido al principio, a la mitad y al final". Me gusta interpretar esto como que Buda nos encomienda a enseñar el desapego a un nivel básico para los niños, a un nivel intermedio para adultos, y al más alto nivel para aquellos que se dirigen hacia el *nibbana* y a quienes no les importa otra cosa. Buda sólo enseñó el desapego, nada más. Este se puede enseñar a diferentes niveles sea para niños, para gente de mediana edad o para gente mayor. Como alternativa, esta recomendación se puede interpretar de otra forma: enseña el Dhamma por el beneficio de la gente que vive en este mundo, en el primer nivel; para el beneficio de otros mundos, en el nivel intermedio; y finalmente para el mayor beneficio, el que trasciende todos los mundos.

Toda la esencia de las enseñanzas se puede resumir en libre de *dukkha* a través del desapego. Por lo tanto este desapego, esta ausencia de cualquier idea de "yo sólido" o de cualquier cosa que pertenezca a ese "yo", es la enseñanza más importante. Así que por favor, todos debéis tener muy presente una palabra, esa sencilla palabra que revela todo el Dhamma, la palabra "*waang*", que significa vacío, vacuo o libre en tailandés. En la lengua pali, es "*suññata*", el núcleo y la esencia del budismo. La gente rompe los preceptos morales porque carece de *cit waang*. La gente carece de concentración porque no tiene *cit waang*. La gente no tiene visión clara porque carece de *cit waang*. Buda tenía *cit waang*. *Cit waang* es lo que conforma el budismo. El Dhamma es simplemente la enseñanza del *cit waang*, la práctica que nos lleva al *cit waang*, y el fruto de esa práctica que es el *cit waang* finalmente llega al *nibbana*. La Sangha está formado por la gente que sigue el sistema de práctica de Buda para conseguir el *cit waang*. Buda, Dhamma y Sangha se sintetizan en la palabra "*waang*" (libre). El éxito a la hora de mantener los preceptos morales se consigue evitando aferrarse a las cosas y liberándose de las impurezas mentales, libres de apego. Cuando se ha conseguido el *cit waang*, las impurezas desaparecen y la concentración está en su más alto nivel. Cuando alguien ha logrado ver las cosas como vacías, no se aferra a ninguna de ellas y consigue la plena visión clara. El Camino y el Fruto del *nibbana* están en el conocimiento del vacío y en el hecho de conseguir sucesivamente los frutos del vacío hasta su máximo apogeo. La caridad, la moralidad, el refugio (en Buda, en el Dhamma o en la Sangha), la concentración, la visión clara, el Camino y el Fruto, y el *nibbana*, todos estos se concentran en la palabra "*waang*".

Por esta razón Buda dijo, "lo que yo enseño es el vacío". Una enseñanza que no se centra en el vacío será la enseñanza de otros, una enseñanza heterodoxa compuesta por algún discípulo posterior.

"Todos los discursos compuestos por las afirmaciones del Maestro son profundos, tienen un hondo significado, constituyen el medio para trascender el mundo, y el primer concepto que tratan es el vacío (*suññata*)." Esto lo dijo Tathagata. Por otra parte, "un discurso de cualquier tipo, aunque lo produzca un poeta o un erudito, que sea poético, versificado, espléndido, con un sonido y un ritmo melódico, no estaría en consonancia con las enseñanzas si no estuviera conectado con el *suññata*". Existen estos dos tipos de discursos, aquellos que tratan del *suññata* son afirmaciones de Buda, aquellos que no tratan del *suññata* son afirmaciones de seguidores posteriores.

Buda consideraba que el *suññata* y los discursos que tratan del *suññata* son la verdadera esencia del budismo. Por eso dijo: "Cuando la enseñanza del *suññata* desaparezca y nadie se interese por ella, se perderá la verdadera esencia del Dhamma".

Es algo similar al tambor que poseían los reyes Dasaraha en la antigüedad, el cual se entregaba de generación en generación. Cuando se iba deteriorando y rompiendo, lo parcheaban y arreglaban una y otra vez, durante un largo periodo de tiempo hasta que al final no quedaba nada de los materiales originales. Su verdadera esencia había desaparecido por completo.

Cuando llegue la época en que los monjes ya no se interesen por el estudio y la escucha de temas relacionados con el *suññata*, que es la materia que deben estudiar y practicar, entonces se puede decir que la esencia original del budismo se habría perdido por completo, y que nada queda de los materiales originales, sólo afirmaciones de discípulos posteriores, tal y como le había ocurrido al tambor. Pensemos sobre esto. Buda nos impulsó a enseñar el Dhamma, siendo espléndido al principio, a la mitad y al final, en términos de no aferrarse y no apegarse a nada. Pero ¿cuál es el estado del budismo hoy en día? ¿Es como el viejo tambor original o está formado por material nuevo, a base de parches? Nosotros mismos podemos descubrir esto simplemente analizándolo para ver si la gente está interesada en el *suññata* y si lo practica.

Estas fueron las últimas instrucciones de Buda a sus discípulos: Practica la atención plena con esta enseñanza, proclama esta enseñanza, y restaura el material deteriorado y ponlo en buenas condiciones mediante el estudio del *suññata*. Para hacer esto hay que ahondar en la materia, investigando, estudiando y debatiendo hasta que el conocimiento de esta enseñanza se haya reavivado y se pueda decir que el material genuino se ha restaurado a su estado original.

Conclusión

Hemos sintetizado las enseñanzas en secciones cortas, para que se comprendan y se recuerden fácilmente, junto con citas de los textos. Espero que recordéis los asuntos que hemos tratado ya que ilustran verdades fundamentales que se deben guardar en la mente, a la vez que son principios generales que se pueden utilizar para responder y criticar las variadas cuestiones que encontraréis en el futuro. Buda dijo que si surge la duda en algún asunto, debemos comparar esa cuestión dudosa con los principios generales. Si no concuerda con los principios generales, hay que rechazarlo por no ser una enseñanza de Buda. Quienquiera que hizo esa afirmación, la hizo mal; ese maestro estará enseñando algo equivocado. Incluso si proclamara haberlo oído del mismo Buda, no le creáis ni una sola palabra. Si no concuerda con los principios generales, es decir, no concuerda con los *suttas* (los discursos de Buda) ni con los *vinaya* (las reglas de disciplina establecidas por Buda), recházalo por no ser declaraciones de Buda. Las enseñanzas de Buda comprenden el no aferrarse, no apegarse, el *suññata*, el *anatta* (ausencia de un yo o una entidad falsas), y cualquier cosa que trate sólo con los elementos, más que con los seres, individuos, el "yo", "él" o "ella".

En el campo, en el distrito de donde yo procedo, la gente solía tener que aprender este verso en pali el primer día que entraba a vivir en un monasterio:

"*Yatha paccayam pavattamanam dhatumattamevetam*"

(Estas cosas son simplemente elementos naturales mezclados incesantemente por las condiciones.)

"*Dhatumattako*", (Sólo elementos)

"*Nissatto*", (No seres reales)

"*Nijjivo*", (No vidas individuales)

"*Sunno*" (Carente de entidad individual)

Aquellos que se ordenaban tenían que aprender esto como principal deber del primer día que entraban en el monasterio. Sin haber aprendido todavía a mostrar respeto a las imágenes de Buda, o a salmodiar, o a desarrollar los servicios de la mañana y la tarde; sin haber aprendido todavía a llevar a cabo los procedimientos previos a la ordenación. En otras palabras, a los nuevos se les equipaba con el conocimiento más elevado, la esencia del budismo, desde el mismo momento que entraban en el monasterio para pedir ser ordenados. No sé si esta costumbre existe todavía en algún lugar, y tampoco sé si los aspirantes entenderían lo que significa el verso. Pero el objetivo de esta costumbre era excelente, el hecho de dar a una persona la esencia del budismo desde el mismo día que llega. "*Yatha paccayam*, (estas cosas están condicionadas causalmente, es decir, están desprovistas de individualidad). *Dhatumattamevetam*, (estas cosas son sólo elementos, es decir, están desprovistos de individualidad). *Nissatto*, *nijjivo*, *sunno*, (están vacías, no hay nada individual o personal, están desprovistas de individualidad)". Todo esto se lo enseñaban el primer día, pero sus descendientes perdieron esta costumbre. ¿A quién culparemos cuando llegue el día en que el *suññata* se comprenda tan poco que al final no quede nada del budismo original?

Espero que esto haya contribuido a estimular a la gente buena para que se pongan a pensar, y al hacer esto tomen coraje para ayudar a estimular y a sustentar el budismo, y por el bien de la paz y de la felicidad del mundo, ¡olvida todo lo referente al "yo sólido"!

REFERENCIAS
DE LAS ESCRITURAS

En los discursos originales, Ajahn Buddhadasa proporcionó referencias (volumen y página) a sus fuentes en la real edición siamesa en pali del *Tipitaka*, donde consideró necesario. Las hemos traducido en un formato que podrían ayudar a los lectores que estuvieran interesados en consultar las traducciones en inglés. Las hemos clasificado de acuerdo con los números de las preguntas.

1. Majjhima-nikaya, Alagaddupama-sutta (#22)
3. Majjhima-nikaya, Cuta-tanha-sankheyya-sutta (#37)
5. Anguttara-nikaya, Catukka-nipata, Rhohitassa-vagga (#45)
6. Majjhima-nikaya, Alagaddupama-sutta (#22)
7. Samyutta-nikaya, Mahavara-vagga, LV, vi, 3
8. Samyutta-nikaya, Mahavara-vagga, XLV, I
9. Anguttara-nikaya, Pancaka-nipata, The Warrior (#79)
10. Majjhima-nikaya, Cula-saccaaka-sutta (#35)
11. Anguttara-nikaya, Tika-nipata, Maha-vagga, Kalama Sutta (#75)
12. Anguttara-nikaya, Tika-nipata, Enlightenment, (#103)
13. Majjhima-nikaya, Salayatana-vibhanga-sutta (#137)
14. Anguttara-nikaya, Tika-nipata, Devaduta-vagga (#33) Anguttara-nikaya, Catukka-nipata, Kamma-vagga (#234)
15. Anguttara-nikaya, Tika-nipata, Puggala-vagga (#22)
16. Anguttara-nikaya, Catukka-nipata, Sancetana-vagga (#180)
17. Anguttara-nikaya, Tika-nipata, Brahmana-vagga (#56)
18. Anguttara-nikaya, Catukka-nipata, urbuela-vagga (#21)

19. Itivuttaka III, v, iii
20. Digha-nikaya, Maha-vagga, Mahaparinibbana-sutta (#16)
21. Sutta-nipata, Parayana-vagga, Vatthugatha
22. Majjhima-nikaya, Cula-suññata-sutta (#121)
23. Patisambhida-magga, Yoganaddha-vagga, Suñña-ka-tha
24. Sadahammappajjotika Part I
25. Patisambhida-magga, Panna-vagga, Vipassanakatha
26. Anguttara-nikaya, Navaka-nipata, Maha-vagga (#36)
27. Anguttara-nikaya, Navaka-nipata, Maha-vagga (#41)
28. Anguttara-nikaya, Navaka-nipata, Pancala-vagga (#51)
    Anguttara-nikaya, Satta-nipata, Abyakata-vagga (#52)
29. Majjhima-nikaya, Bhaddali-sutta (#65)
31. Digha-nikaya, Maha-vagga, Mahaparinibbana-sutta (#16)
34. Udana, Culla-vagga, VII, I and ii, Anguttara-nikaya, Satta-nipata, Abyakata- vagga (#53)
37. Majjhima-nikaya, Angulimala-sutta (#86)
39. Itivuttaka, I, iii, 7
40. Anguttara-nikaya, Navaka-nipata, Sainada-vagga (#20)
41. Itivuttaka, III, iv, 4
48. Digha-nikaya, Maha-vagga, Mahaparinibbana-sutta (#16)

SOBRE SUAN MOKKH

Buddhadasa Bhikkhu fundó Suan Mokkha-balarama (El Jardín del Poder de la Liberación), o simplemente "Suan Mokkh", en el terreno de un monasterio abandonado cerca de su pueblo natal Pumriang, al sur de la provincia tailandesa de Surat Thani. Estableció este centro como cuartel general para el estudio de la verdad de la naturaleza en los alrededores, juntando a la gente con la naturaleza. Su propósito era cumplir con sus objetivos de vida:

- Ayudar a la gente a comprender la esencia de su propia religión.
- Crear un entendimiento mutuo entre todas las religiones.
- Liberar a la humanidad de la represión del materialismo.

Suan Mokkh no sólo actúa como un santuario fresco en medio de un mundo caldeado, sino que también sirve como complejo de entretenimiento espiritual de todo tipo, albergando instalaciones dirigidas a proporcionar estímulos espirituales a los visitantes tailandeses, incluyendo el Teatro Espiritual –uno de los primeros proyectos sobre entretenimiento educativo en la historia de Tailandia.

Mientras que Suan Mokkh desempeña la doble función de "tierra sagrada" y a la vez de "Disneylandia espiritual" para tailandeses, la Ermita Internacional del Dhamma Suan Mokkh, el último proyecto de Buddhadasa, es un centro dedicado a ayudar a la gente que viene de otros países y que hablan otras lenguas en busca del significado de la vida y de consultas espirituales.

Visitantes de todo el mundo son bienvenidos a Suan Mokkh Internacional para experimentar el sabor de la verdad natural. Los anfitriones angloparlantes les darán la bienvenida a su llegada y les iniciarán en el Dhamma de una forma fácil y práctica, también les animarán a participar en un retiro de meditación diseñado especialmente para principiantes.

Buddhadasa no está a favor de enviar Maestros espirituales de oriente para enseñar el budismo en países de occidente. Más bien, cree que para que el budismo se desarrolle fuera de Asia, los occidentales son los que deben llevarlo hasta sus manos y corazones, y son los que deben esparcir las enseñanzas por sus propios países. Por lo tanto, dedicó gran parte de su atención a impartir un conocimiento correcto de los principios del budismo y su práctica a los no asiáticos, para que puedan transmitírselo a su propia gente a su manera.

Suan Mokkhabalarama
Chaiya, Surat Thani 84110 Tailandia.
Tel. (6677) 431596, (6677) 431661-2
Fax (6677) 431597
E-mail: Dhammadana@hotmail.com
www.suanmokkh.org

www.ingramcontent.com/pod-product-compliance
Lightning Source LLC
LaVergne TN
LVHW010640200726
843507LV00011B/1734